Os 10 Mandamentos do Bom Senso

Hal Urban

Os 10 Mandamentos do Bom Senso

SEXTANTE

Título original: *The 10 Commandments of Common Sense*

Publicado em acordo com a editora original, Fireside, uma divisão da Simon & Schuster, Inc.

tradução
Ivo Korytowski

preparo de originais
Marcia Vieira e Regina da Veiga Pereira

revisão
Damião Nascimento, José Tedin Pinto e Sheila Til

adaptação de projeto gráfico e diagramação
DTPhoenix Editorial

capa
Miriam Lerner

pré-impressão
ô de casa

impressão e acabamento
Bartira Gráfica e Editora S/A

CIP-BRASIL. CATALOGAÇÃO-NA-FONTE
SINDICATO NACIONAL DOS EDITORES DE LIVROS, RJ

U63d Urban, Hal, 1940-
Os 10 mandamentos do bom senso / Hal Urban [tradução de Ivo Korytowski]. – Rio de Janeiro: Sextante, 2008.

Tradução de: The 10 commandments of common sense
Inclui bibliografia
ISBN 978-85-7542-434-6

1. Vida espiritual. 2. Conduta. I. Título.

CDD: 205
08-3753 CDU: 2-584

GMT Editores Ltda.
Rua Voluntários da Pátria, 45 – Gr. 1.404 – Botafogo
22270-000 – Rio de Janeiro – RJ
Tel.: (21) 2286-9944 – Fax: (21) 2286-9244
E-mail: atendimento@esextante.com.br
www.sextante.com.br

Este livro é dedicado a um homem que não precisa lê-lo. Ele conhece intimamente as Sagradas Escrituras e, o que é mais importante, coloca-as em prática todos os dias.

Tom Lickona

Obrigado pela bênção indescritível que você tem sido na vida deste escritor – pessoal, profissional e espiritualmente.

Tornai-vos praticantes da palavra e não simples ouvintes, enganando-vos a vós mesmos.

A fé, se não tiver obras, está completamente morta.

– TIAGO 1:22, 2:17

Sumário

Introdução

A vida é melhor quando usamos o bom senso.

Infelizmente, são poucos os que parecem se lembrar disso. Por milhares de anos os sábios têm nos ensinado as diretrizes essenciais para uma vida virtuosa, mas já não as praticamos. Eles sempre nos ensinaram a acreditar em algo maior do que nós, ser bondosos, trabalhar com afinco, agir com integridade, servir os outros e nos abrir para as possibilidades de sabedoria e alegria que a vida nos oferece.

O problema é que, muitas vezes, ignoramos ou nos desgarramos desses fundamentos. Todos nós temos bom senso, mas nem sempre o aplicamos. Em vez de pensar com a própria cabeça, freqüentemente deixamos a cultura popular e a mídia nos imporem seus conceitos. Deixamos nos levar pelo bombardeio constante de anúncios e campanhas promocionais que procuram nos convencer de que o caminho para uma vida feliz é pavimentado com dinheiro, poder, status, estilo e fama. Tudo isso reforçado pela idéia traiçoeira de que quanto mais nos concentrarmos em nós mesmos melhor será a vida.

Passei cerca de 10 anos vivendo nessa espécie de mundo de faz-de-conta. Depois de uma experiência traumática, rejeitei minha fé e tudo que dissesse respeito a Deus. Meus valores e minha moralidade entraram em queda livre. Tornei-me o centro de um pequeno universo somente meu, convencido de que tudo aquilo me levaria à plenitude. Mas, em vez de alcançá-la, fui sentindo um vazio cada vez maior, e com ele veio uma dor insuportável.

Quando percebi que já não agüentava mais, pedi conselho a um querido amigo. Eu o escolhi por ser mais velho, mais sábio e por parecer ter resolvido os problemas fundamentais da vida, um homem de grande paz interior e com a capacidade de usufruir as alegrias que cada dia lhe oferecia. Eu queria o que ele tinha e pedi ajuda. Meu amigo pôs o dedo direto na ferida.

"Você precisa retornar à sua religião", ele disse simplesmente. E acrescentou: "Não estou falando em ir à igreja e seguir mecanicamente os rituais, mas em aprender sua religião num nível mais profundo e pessoal. Estou falando em estudar a Bíblia e aplicar seus ensinamentos à sua vida. Eles não servem só para os santos. São para todos, porque estão cheios de bom senso, de conselhos práticos e de sabedoria. Garanto que funcionarão melhor do que tudo que você já tentou."

Àquela altura eu tentaria qualquer coisa para diminuir a dor, e por isso segui seu conselho e decidi aprofundar-me na minha religião. Aos poucos ela foi se tornando um bem mais pessoal e significativo. A Bíblia foi uma grande descoberta. Fiquei maravilhado com o bom senso, os conselhos práticos e a sabedoria que ela contém. Estudá-la e aplicá-la à minha vida foi realmente a coisa mais eficaz que tentei.

Ao escrever meus três primeiros livros, muitas vezes eu me inspirei no bom senso e na sabedoria contidos na Bíblia. E cada vez que escrevia, pensava em como seria bom conhecê-la melhor para escrever um livro inteiro baseado em seus ensinamentos. Mark Twain disse algo que me ajudou muito: "A maioria das pessoas fica afetada com as passagens das Sagradas Escrituras que não entende, mas as passagens que realmente me afetam são as que eu entendo." Eu interpreto o que ele disse da seguinte forma: as passagens fáceis de entender são as que nos atingem diretamente, as que nos desafiam a nos tornarmos seres humanos melhores. Muitas vezes é difícil colocá-las em prática, mas quando o fazemos as recompensas são indescritíveis. Agora que entendo mais das Sagradas Escrituras, estou convencido de que elas são capazes de alterar o rumo e a qualidade de vida de uma pessoa. Escrevi este livro com a esperança e o desejo de que elas façam por você o que fizeram por mim.

Quatro motivos para escrever este livro

1. Lançar para crentes e não-crentes uma luz nova sobre as Sagradas Escrituras – a Bíblia

A Bíblia tem vários significados e pode ser interpretada de maneiras diferentes. O Antigo Testamento constitui a base de três grandes religiões: judaísmo, cristianismo e islamismo. Contém história, poesia, provérbios, salmos, orações, mandamentos, narrativas e lições de vida. O Novo Testamento narra a vida de Jesus Cristo e seus ensinamentos. Faz muitas referências ao Antigo Testamento e contém também orações, mandamentos, narrativas e lições de vida. O Antigo e o Novo Testamento são os guias básicos dos cristãos no mundo inteiro.

Para os crentes, a Bíblia é a revelação da Palavra de Deus, um livro sagrado que explica as verdades supremas da vida. Os não-crentes costumam ver a Bíblia como uma coletânea de textos bem-intencionados mas não de origem divina, e muitas vezes errados. Eles também a consideram a fonte de muitos problemas e de muita divisão dentro de nossa sociedade. Costumam associar a Bíblia ao que chamam de "direita religiosa": os "fanáticos religiosos", os "evangélicos", os pregadores exibicionistas na TV e os que ruidosamente se proclamam "salvos" enquanto condenam os outros.

O desafio mais difícil ao escrever este livro foi tentar fazer com que crentes e não-crentes vissem as Sagradas Escrituras sob uma nova ótica. Teria sido bem mais fácil escrever um livro só para cristãos. Mas quero dirigir-me a pessoas de todas as crenças. As que mais me preocupam são aquelas que, apesar de se dizerem cristãs e guiadas pela Bíblia, não estão familiarizadas com alguns de seus ensinamentos ou preferem ignorar passagens que consideram problemáticas ou não suficientemente importantes para serem aplicadas no dia-a-dia. Não quero dizer que essas pessoas são mal-intencionadas, mas que freqüentemente parece haver uma divergência entre o que dizem e o que praticam. Minha esperança é que, lendo este livro, aqueles que se afirmam cristãos passem a olhar mais atentamente para o que dizem as Sagradas Escrituras e sejam mais coerentes na prática de seus ensinamentos.

Espero também que os não-crentes possam ver a Bíblia de maneira diferente. Em vez de rejeitá-la só porque costuma estar associada a pessoas ligadas a uma religião específica, que consigam apreciá-la pela sabedoria e bom senso que ela contém. Não é preciso ser budista para (assim como eu) apreciar a sabedoria e os ensinamentos de Buda, nem necessariamente ser cristão para reconhecer como a vida pode ser enriquecida com os ensinamentos de Moisés, Davi, Salomão, Jesus, Paulo, João e muitos outros. As Sagradas Escrituras contêm um conjunto incrível de princípios universais que nos ajudam a entender a vida num nível mais profundo e a vivê-la mais plenamente.

Se você não está familiarizado com a Bíblia, espero que este livro desperte o seu interesse em aprender mais a respeito. Nem sempre a sua leitura é fácil. Ela requer esforço, paciência e ajuda de outras pessoas – os mesmos requisitos para se entender a vida. Alguns ensinamentos são de fácil aplicação no cotidiano, enquanto outros parecem de prática quase impossível. Mas, como um quebra-cabeça gigante, todas as partes acabam se encaixando. Quando isso acontece, o quadro se torna mais claro e, se praticamos o que aprendemos, a qualidade de nossa vida se enriquece muito.

2. Mostrar que a Bíblia é um recurso valioso para a saúde mental

As pessoas que crêem em Deus desejam essencialmente duas coisas: uma relação pessoal com Ele e uma vida gratificante e cheia de sentido. As que não crêem desejam principalmente uma coisa: uma vida gratificante e cheia de sentido. No fundo, todos desejamos levar a vida da melhor forma possível, e para isso precisamos de saúde mental. Estou convencido de que as Sagradas Escrituras contêm uma receita magnífica para esse propósito.

Não estou desmerecendo a contribuição da psicologia. Eu a considero um recurso valioso e importantíssimo para que as pessoas se conheçam melhor e saibam lidar mais livremente com suas próprias dificuldades. Eu jamais recomendaria a alguém clinicamente doente: "Procure na Bíblia a solução de seus problemas." Mas psicologia e fé não se excluem mutuamente. Algumas vezes recorri à terapia e também aconselhei as pessoas a procurarem orientação profissional, além de recomendar livros que pudessem beneficiá-las.

Mas como a Bíblia e a oração enriqueceram minha vida de forma extraordinária, decidi partilhar minhas experiências e descobertas. Assim, descobri a riqueza das Sagradas Escrituras por causa de uma longa e dolorosa jornada em busca de um sentido para a vida. Passados 26 anos, continuo impressionado com os conselhos simples mas poderosos contidos nos textos bíblicos. São juízos que sempre funcionam. Eis um bom exemplo:

> *Porque quem semeia na sua carne da carne colherá a corrupção, mas quem semeia no Espírito do Espírito colherá a vida eterna.*
>
> – Gálatas 6:8

Ou seja, o que você colhe depende inteiramente do que você semeia. Este é um princípio universal e tema recorrente neste livro. Seu significado é simples: quanto mais bondoso nosso pensamento, mais bondosas as nossas palavras e ações; e quanto mais bondade praticarmos, mais bondade retornará para nós. Haverá algo melhor do que isso para o nosso bem-estar?

3. Propor outros 10 mandamentos mais desafiadores

Entenda que não estou propondo substituir os 10 mandamentos que se encontram em dois livros do Antigo Testamento: no Êxodo 20:1-17 e no Deuteronômio 5:6-21. Quase todo mundo está de certa forma familiarizado com as proibições e prescrições contidas nesse decálogo que Deus entregou a Moisés em duas tábuas de pedra. Os mandamentos indicam coisas que jamais deveríamos fazer e coisas que sempre deveríamos fazer. O que não deveríamos fazer: reverenciar outros deuses, adorar falsos ídolos, tomar o nome de Deus em vão, assassinar, roubar, cometer adultério, prestar falso testemunho e cobiçar a mulher ou os bens do próximo. As duas coisas que deveríamos fazer são: honrar nossos pais e observar o dia sagrado do Senhor.

O que estou propondo aqui é que examinemos mais a fundo alguns outros "mandamentos" da Bíblia. Muitos deles são bem mais desafiadores na prática do que os 10 gravados em pedra. Se você olhar o sumário deste livro, verá 10 outros mandamentos inspirados no Antigo e no Novo Testamento: cinco coisas que devemos evitar porque podem prejudicar a nossa vida e a dos outros, e cinco coisas que devemos fazer para enriquecer a nossa vida e a dos outros. São, de certa forma, mais difíceis de pôr em prática do que os 10 originais. Selecionei esses novos mandamentos porque eles têm muito a ver com o nosso dia-a-dia, e colocá-los em ação é um desafio para quase todos nós. Esses outros 10 mandamentos oferecem conselhos sábios e práticos para todos nós, qualquer que seja a nossa crença. Esse é o aspecto maravilhoso da Bíblia.

4. Continuar uma jornada e agradecer aos meus leitores

Em meus livros anteriores afirmo que devemos estar sempre aprendendo e enfrentando o desafio de ser, a cada dia, melhores do que no dia anterior. Chamo a isso renovação. Trato de algumas tarefas muito difíceis. Entre elas, desenvolver mais humildade, paciência e empatia, aprender a perdoar e ser mais generoso. Todas têm sido pontos fracos na minha própria vida – e sei que não estou sozinho. Atualmente me esforço de modo especial para colocar em prática os mandamentos que se encontram neste livro. Sinto-me abençoado com a sabedoria que adquiro e a alegria que resulta desse esforço.

Durante meia hora, todas as manhãs, leio as Sagradas Escrituras, com foco especial em Salmos, Provérbios, Eclesiastes e Isaías, que se encontram no Antigo Testamento, e nos Evangelhos e Epístolas do Novo Testamento. Esse esforço contínuo me traz preciosas recompensas, sobretudo sabedoria e alegria, que considero os maiores prêmios desta vida. Por isso, leitor, desejo o mesmo para você.

Em Provérbios 4: 4-6 encontramos:

> *Conserva minhas palavras no teu coração, guarda os meus preceitos e viverás.*
>
> *Adquire a sabedoria, adquire o entendimento; não te esqueças deles, nem te afastes das minhas palavras.*
>
> *Não abandones a sabedoria, e ela te guardará; ama-a, e ela te protegerá.*

Minha religião e como vejo a Bíblia

"Por que você é cristão?"

Quando me perguntam qual é minha religião, respondo que sou cristão. Quando querem saber o motivo, afirmo o seguinte:

"Porque funciona para mim." Isso significa que quando ponho em prática os ensinamentos cristãos, além de melhorar minha qualidade de vida, consigo melhorar também a das pessoas que me cercam. Sou mais compreensivo, paciente e bondoso. Sou menos egoísta e mais generoso. Sinto-me mais próximo de Deus, mais feliz e em paz. Além disso, a religião me proporciona esperança. Acredito numa vida depois da morte num lugar que chamo de Céu. Meu maior desafio é colocar em prática os ensinamentos de minha religião. Dos milhares de passagens da Bíblia, aquela com que mais me identifico é:

> *Eu não entendo o que faço. Porque o que quero fazer não faço, mas o que odeio eu faço.*
>
> – Romanos 7:15

O pensamento acima foi escrito há cerca de 2 mil anos por São Paulo, um grande guerreiro e um dos fundadores da igreja cristã inicial. Sua conversão foi um desafio para ele, como foi para grandes líderes judeus, assim como a prática da religião é um desafio para todos.

"Que tipo de cristão é você?"

A essa pergunta, respondo: "Um cristão que pensa, que tem a mente aberta, é ecumênico e tolerante." Eis o que significa para mim cada um desses termos:

Que pensa: Deus dotou-nos de um cérebro e deseja que o empreguemos em toda parte. Deixamos de honrar a Deus quando abandonamos nossa capacidade intelectual. A Bíblia, assim como a Constituição de um país, pode ser interpretada de diferentes formas. É nossa missão nos esforçarmos ao máximo para entender como ela fala conosco e como seus ensinamentos se aplicam à nossa vida.

DE MENTE ABERTA: A vida possui uma série de complexidades e mistérios que jamais serão completamente entendidos aqui na Terra. Minha fé é forte, mas não pretendo possuir todas as respostas, e me incomodam as pessoas que se acham donas da verdade.

ECUMÊNICO: Acredito que deva haver relações amigáveis entre as diversas religiões e respeito os sistemas de crença diferentes do meu. Aquilo em que os outros acreditam é tão verdadeiro para eles quanto as minhas crenças o são para mim. Acho que deveríamos buscar pontos em comum, usando as religiões para tornar o mundo um lugar melhor para todos.

TOLERANTE: A Bíblia afirma claramente que não devemos julgar uns aos outros. Sinto profunda rejeição por pessoas que julgam, principalmente em relação a questões de fé, e definem quem será ou não "salvo". Acho que deveríamos concentrar nossa energia em honrar a Deus, vivendo de acordo com os ensinamentos das Sagradas Escrituras.

COMO NÓS VEMOS A BÍBLIA*

Enquanto eu escrevia este livro, uma pesquisa Gallup foi realizada nos Estados Unidos (maio de 2006) para saber como os norte-americanos vêem a Bíblia. Eu me coloquei entre os 53% que acreditam que a Bíblia é a "palavra inspirada por Deus, mas que nem tudo nela deve ser tomado literalmente".

Acredito que a Bíblia tenha inspiração de Deus e tenha sido escrita pelos seres humanos para nos ensinar como viver eficazmente em nossa passagem aqui na Terra. Ao lê-la, procuro o significado da mensagem e tento aplicá-lo à minha vida. Por exemplo, não considero que a história da criação e de Adão e Eva descrita no Gênesis tenha acontecido de fato. Mas levo muito a sério o seu significado. Adão e Eva foram expulsos do Paraíso por causa da desobediência gerada pelo orgulho – o que muitos chamam de Pecado Original. Hoje, nos meus mais de 60 anos de vida, a experiência me ensinou que o orgulho parece ser mesmo a raiz de nossas faltas, pois me deixei seduzir por ele um número incontável de vezes.

O fato é que não importa qual seja a nossa crença ou a nossa religião. Somos todos capazes de reconhecer a sabedoria e o bom senso, venham de onde vierem. As Sagradas Escrituras contêm muito de ambos.

---

* O autor utilizou cinco versões da Bíblia, o que faz com que algumas passagens apareçam de formas diferentes ao longo do livro. (*N. do E.*)

Um mundo, várias crenças

Tenho um respeito profundo pelas crenças dos outros. Judeus, muçulmanos, hinduístas, budistas e cristãos professam crenças diferentes. Quem tem direito de afirmar: "Pratico a única religião verdadeira, e todas as outras estão erradas"? Ninguém pode provar de forma científica e inequívoca que "minha crença é a única correta", que "meu caminho é o único caminho". Porque aí não se trata de ciência, mas de fé.

A fé é uma força poderosa na vida de milhões de pessoas. É o prisma pelo qual elas vêem e explicam o mundo. Acredito firmemente que o mundo seria um lugar bem melhor se todos respeitassem as diferentes crenças.

Lecionei muitas matérias em minha longa carreira de professor, mas as aulas mais ricas e recompensadoras foram as de religião. Esse é um tema fascinante que envolve história, povos, crenças, rituais, textos sagrados ou tradições. O ponto em comum parece ser a necessidade que a maioria das pessoas tem de reconhecer a existência de alguém ou algo maior que nós, seja qual for o nome que lhe dão: Espírito Eterno, Força Vital, Poder Superior, Jeová, Javé, Alá ou Deus.

Estudar as religiões, ensinar sobre elas, ouvir as experiências de meus alunos e ler as obras de Huston Smith me proporcionaram uma compreensão profunda das várias crenças. Smith é cristão e uma das maiores autoridades mundiais no tocante a religiões. Além de pesquisá-las em profundidade, passou a ter grande respeito por todas elas. Ele afirma: "Deus se revela em todas as grandes tradições do mundo."

Parte I

Cinco coisas que as Sagradas Escrituras nos ensinam a evitar

Por nos prejudicarem

Para vivermos bem é importante que sejamos capazes de evitar as coisas que nos são prejudiciais. Na infância, uma das primeiras palavras que aprendemos é "não". "Não toque no fogão porque você pode se queimar" ou "Não vá para o meio da rua porque você pode ser atropelado". À medida que vamos ficando mais velhos, ouvimos que *não* devemos roubar, brigar, mentir, trapacear, usar drogas, porque também nos fazem mal. Nossos médicos nos dizem para evitarmos o fumo, a bebida e a comida em excesso, pela simples razão de que causam danos à nossa saúde.

Muito antes disso, as Sagradas Escrituras foram escritas. Reduzida à sua essência, a Bíblia nos ensina a evitar coisas que prejudicam nossas vidas e a fazer o que as enriquece. Agir com base nesses ensinamentos – o que inclui as proibições – é, em última análise, positivo. Basta pensar nas pessoas que se alegram com o fato de não fumar, beber, usar drogas, gastar demais e comer em excesso. É uma vitória, para elas, digna de celebração.

A primeira parte deste livro explica cinco das proibições da Bíblia que melhoram as nossas vidas. Na verdade, existem bem mais de cinco, mas optei por me concentrar nesses pontos essenciais por lidarem com questões que a maioria das pessoas enfrenta diariamente. Questões que podem nos prejudicar tremendamente, assim como aos outros.

Prólogo

A raiz de todas as nossas imperfeições

Aqui estão seis das palavras mais feias da nossa língua:

Egoísta	Vaidoso	Egocêntrico
Narcisista	Insolente	Arrogante

Você já empregou alguma dessas palavras para descrever outra pessoa? Não se tratava certamente de um elogio. Alguém já usou uma delas para descrever você? Isso lhe fez mal, não é?

São palavras duras, que costumam ser usadas para descrever o tipo de pessoa de que não gostamos, que não queremos ser, nem que nossos filhos se tornem. O que nos leva a nos referirmos a alguém usando uma dessas palavras? O que essa pessoa fez?

A resposta é simples. Como já vimos, todos nós nascemos com uma grande imperfeição que gera várias outras. Algumas pessoas a chamam de Pecado Original. E muitas estão convencidas de que o Pecado Original é o orgulho, definido no dicionário como "atitude prepotente ou de desprezo com relação aos outros". Foi o orgulho que, na versão da Bíblia, fez Adão e Eva desobedecerem a Deus. Trata-se de nossa deficiência básica e da raiz da maioria dos nossos problemas.

> *O orgulho é o primeiro pecado, a origem de todos os outros pecados e o pior dos pecados.*
>
> – São Tomás de Aquino

Embora não sejam citados na Bíblia, a maioria das pessoas já ouviu falar dos Sete Pecados Capitais. Se você não se lembra quais são, aqui estão eles:

Orgulho Inveja Gula Luxúria Ira Cobiça Preguiça

Onde quer que você os encontre, o orgulho vem sempre em primeiro lugar. E, se você os examinar melhor, perceberá que todos os outros são desdobramentos do orgulho. Todos envolvem uma certa forma de abordar a vida com base no "primeiro, eu".

> *Quase todos os males do mundo resultam bem mais do orgulho do que do egoísmo...*
>
> *Desde que o mundo começou, o orgulho tem sido a causa principal do sofrimento em todas as nações e famílias...*
>
> *O primeiro passo é perceber que se tem orgulho. É um passo importante. Absolutamente nada pode ser feito antes disso. Se você não se acha vaidoso, é sinal de que é realmente muito vaidoso.*
>
> – C. S. Lewis

Não me canso de repetir essa citação em meus livros, aulas e palestras. Porque desejo que as pessoas a entendam. O que o brilhante C. S. Lewis afirma é que todos nós temos algum grau de orgulho. Só o podemos superar depois de reconhecer que o temos. O orgulho é um dos sentimentos que as Sagradas Escrituras nos mandam evitar. Por ser prejudicial, pode levar a todo tipo de sofrimento.

> *A arrogância precede a ruína, e o espírito altivo, a queda.*
>
> – Provérbios 16:18

Primeiro mandamento

Não se deixe seduzir pelos valores da cultura popular

Eles o impedem de pensar com a própria cabeça

Provérbio do Antigo Testamento

Deixai a ingenuidade e vivereis; segui o caminho da inteligência.

– Provérbios 9:6

Novo Testamento

E não vos conformeis a este mundo, mas transformai-vos, renovando a vossa mente.

– Romanos 12:2

Primeiro mandamento

Não se deixe seduzir pelos valores da cultura popular. Eles o impedem de pensar com a própria cabeça

E não vos conformeis a este mundo.

– Romanos 12:2

Você é o que é por causa do que entra em sua mente.

– Zig Ziglar

Conselho da pessoa mais sábia de todos os tempos

A sabedoria do rei Salomão é lendária, mas poucas pessoas conhecem a história em detalhes. Ela é narrada no terceiro capítulo do Primeiro Livro dos Reis, no Antigo Testamento. Salomão tinha aproximadamente 20 anos quando, após a morte do pai, o rei Davi, se tornou rei de Israel. Sentindo-se incapaz de assumir a tarefa, disse para Deus: "Eu sou apenas um menino; não sei como dar conta de minhas tarefas." Pediu uma única coisa. Não foi poder, riqueza ou vida longa. Em vez disso, pediu sabedoria. Deus respondeu-lhe em sonho: "Eis que faço segundo as tuas palavras. Eis que te dou um coração sábio e inteligente, como ninguém teve antes de ti e ninguém terá depois de ti."

> *Deus deu a Salomão sabedoria, muitíssima inteligência e conhecimentos múltiplos como a areia que está na praia.*
>
> *De todos os povos vinha gente para ouvir a sabedoria de Salomão, e da parte de todos os reis da Terra que tinham ouvido da sua sabedoria.*
>
> – I Reis 4:29, 34

Durante seu reinado de 40 anos, Salomão quis transmitir sabedoria aos seus contemporâneos e às gerações futuras. Para isso, escreveu os livros dos Provérbios, o Cântico dos Cânticos e o Eclesiastes. Ele nos adverte sobretudo para não nos deixarmos desencaminhar pelos outros, particularmente pelos "tolos" e pelos "pecadores". Nos tempos modernos, seriam pessoas que cometem atos estúpidos e ações ilegais. Se pensarmos bem, verificaremos que em certas ocasiões de nossa vida fomos dominados por ambos os tipos. E continuamos correndo esse risco. Uma palavra intimamente associada a sabedoria é "discernimento", que significa saber fazer boas escolhas. Salomão repetidamente nos lembra disso em seus textos. Boas escolhas não ocorrem naturalmente. Aprendemos a fazê-las com a ajuda de pessoas sábias.

Uma das advertências mais enfáticas de Salomão é não se deixar seduzir pelos costumes do mundo. Seduzir é induzir alguém a agir de certa maneira, oferecendo coisas desejáveis. Quais eram essas coisas no século X a.C., quando viveu Salomão? Ele fala de dinheiro, posses, poder e do sexo oposto, e nos alerta para não nos deixarmos seduzir por eles. Ele também nos aconselha a não procurarmos obter o que desejamos por meios desonestos. Será que as coisas mudaram muito no século XXI d.C.? Se algo mudou, é que parecemos querer cada vez mais de tudo isso. Algumas coisas nunca mudam, e o conselho de Salomão é tão válido atualmente como há 3 mil anos.

Onde as Sagradas Escrituras e a antropologia se encontram

E não vos conformeis a este mundo, mas transformai-vos, renovando a vossa mente.

– Romanos 12:2

O ato natural de pensar é fortemente modificado pela cultura em que vivemos; o homem ocidental usa apenas uma pequena fração de suas capacidades mentais... O homem se confinou no seu próprio zoológico. Ele simplificou tanto a sua vida e estereotipou de tal forma as suas reações, que poderia perfeitamente estar numa jaula.

– EDWARD T. HALL,
PROFESSOR DE ANTROPOLOGIA

Uma das disciplinas mais valiosas e reveladoras que estudei na escola foi antropologia cultural. Na pós-graduação mergulhei profundamente nela. Pensei inicialmente em concentrar-me na psicologia. Minha orientadora sugeriu que me voltasse para a antropologia cultural. Achei estranho, mas logo descobri que essa matéria tinha tudo a ver com o comportamento humano. Junto com a sociologia, a antropologia cultural forma a base da psicologia, levando-nos a uma compreensão melhor do que fazemos e das razões que nos levam às nossas ações.

A antropologia cultural, às vezes chamada de antropologia social, é o estudo do comportamento humano na medida em que é influenciado pelas outras pessoas e pela cultura. Embora gostemos de nos considerar indivíduos e pensadores independentes, a verdade é que com freqüência não somos nada disso. A partir da infância, inconscientemente passamos por um processo que vai aos poucos nos tornando produto da cultura em que estamos inseridos. Nossa maneira de vestir, o modo de falar, a música e o lazer que usufruímos, os produtos que compramos, os alimentos que comemos, as crenças e valores que adotamos estão intimamente associados à nossa cultura. É impossível ao ser humano livrar-se da influência da cultura, mas podemos tomar consciência dela e resistir à sua sedução.

Vou dar um exemplo de minha própria vida para demonstrar essa influência. Estava com uns 35 anos quando comecei a estudar antropologia cultural. Naquele momento questionei se a cultura popular havia me influenciado, pois me considerava uma pessoa de pensamento independente. A resposta honesta e humilhante foi sim – e muito. Ao examinar bem, percebi que a ela desempenhara um papel muito importante na minha vida.

Tive essa percepção na década de 1970. Fico constrangido quando vejo fotos minhas tiradas naquele período. Eu tinha cabelos compridos, um bigodão e costeletas. Trajava calças boca-de-sino e camisas floridas. Meu objetivo era "estar por dentro". Empregava os termos da moda, ouvia a música da moda e achava que estava arrasando.

Como essas coisas acontecem, mesmo com pessoas instruídas? É simples. A cultura popular é uma das forças mais poderosas e sedutoras que existem. Sofremos um bombardeio diário de mensagens frívolas sobre a aparência que devemos ter e as coisas que temos de adquirir para estar na moda. Se permitimos que a influência externa nos domine, como aconteceu comigo, deixamos de pensar com a nossa própria cabeça. E perdemos a oportunidade de nos tornarmos o tipo de pessoa que poderíamos ou gostaríamos de ser. Por isso Salomão nos exortou a "deixar a insensatez" e Jesus nos disse: "É preciso mudar vossos corações."

> *É só com o coração que se vê o essencial.*
>
> – Antoine de Saint-Exupéry

A vida é um exercício de conformidade cega

> *Não copie os comportamentos e costumes deste mundo, mas seja uma pessoa nova e diferente, com uma renovação constante em tudo o que faz e pensa.*
>
> – Romanos 12:2

Durante os últimos anos de minha carreira de professor usei essa citação para fazer um exercício com meus alunos. Eu a escrevia no quadro e dava a cada aluno meia folha de papel com a seguinte instrução: "No alto da folha, escreva a palavra 'concordo' ou 'discordo' em relação a essa afirmação. Somente uma das duas. Depois, num texto conciso, explique por quê."

Esse exercício logo se tornou um de meus favoritos, porque produzia dois resultados maravilhosos: fazia com que os alunos pensassem e sempre provocava uma discussão animada, em que pontos de vista diversos eram debatidos. Paradoxalmente, enquanto mais de três quartos dos jovens do nível médio respondiam "discordo" (lembrem-se de que se tratava de adolescentes), mais de três quartos dos adultos respondiam "concordo". Tais resultados me surpreenderam no início, mas não depois. Os jovens, em especial os adolescentes, sentem uma forte pressão por parte dos colegas para se adequarem a um padrão. É o que fazem, embora não pareçam perceber. Mesmo quando percebem, raramente admitem. Os adultos, que se sentem bem menos pressionados, simplesmente têm mais consciência de que costumamos agir em conformidade com o que os outros fazem, sem pensar primeiro.

O debate nos dois grupos etários sempre levava ao tema de como fazemos nossas escolhas. Minha contribuição principal era sempre a mesma: "Se não aprendermos a fazer conscientemente nossas escolhas, nós as faremos inconscientemente (sem sequer percebermos que estamos escolhendo uma coisa em detrimento de outra) ou deixaremos que os outros as façam por nós." Certa vez, um aluno muito promissor do último ano do nível médio disse que concordava comigo e perguntou: "Mas como se aprende a fazer escolhas conscientes e independentes?" Excelente pergunta. Respondi que só aprendemos a fazer nossas próprias escolhas depois que tomamos consciência de todas as poderosas influências impostas pela cultura.

Para reforçar meu argumento, contei à turma como eu era nos anos 1970. Eles riram, e alguns perguntaram se eu tinha um álbum da época, pois gostariam de ver as fotos. Informei que queimara todos. Apesar de minha formação superior e de 30 anos de experiência de vida, eu levava naquele tempo uma vida de "conformidade cega". Falei também sobre a importância da antropologia cultural e da sociologia e expliquei por que achava que estas deveriam ser cadeiras obrigatórias já no primeiro ano do nível médio.

O tema parecia intrigar realmente meus alunos adolescentes e adultos. A primeira vez que realizamos o exercício, outra boa pergunta surgiu: "Quais são os aspectos de nossa cultura que mais influenciam as nossas escolhas?" Sugeri que respondêssemos coletivamente. Anotei as respostas no quadro. Repeti esse exercício no decorrer dos anos e chegamos a quase um consenso. Sem definir as prioridades, eis o que eles consideraram as influências mais poderosas em nossa cultura:

Propaganda	Colegas	Família	Televisão
Educação	Religião	Revistas	Celebridades
Moda	Modismos	Livros	Tradição
Política	Raça	Trabalho	Dinheiro

Embora dedicássemos apenas uma única aula às influências culturais que afetam as nossas escolhas, seu impacto sobre muitos dos meus alunos foi significativo. Ao término de cada semestre fazíamos uma avaliação. Parte era feita em casa e continha uma só pergunta: "Quais foram as três coisas mais valiosas que você aprendeu neste curso? Dê um motivo para cada uma." Nossa discussão sobre a "conformidade cega" e a influência da cultura sobre a tomada de decisões foi uma das três em mais de 80% das respostas. Um de meus alunos adultos fez a melhor síntese: "Uau! Que exercício revelador! Cultura era apenas uma palavra meio sem sentido antes de discutirmos isso. Agora estou constantemente atento à sua influência. A vida pode ser um 'exercício de conformidade cega', mas deixará de ser se aprendermos a fazer nossas próprias escolhas."

Devemos fazer as escolhas que nos permitam realizar as capacidades mais profundas de nossos verdadeiros eus.

– Thomas Merton

Melhor do que o ouro é adquirir sabedoria, e adquirir discernimento é melhor do que a prata.

– Provérbios 16:16

Celebridades e heróis

Nenhum país do mundo é tão voltado para as personalidades, sente tamanha ânsia de se identificar com personalidades, em especial as personalidades exuberantes, quanto este nosso.

– Peter Jennings

O entretenimento é um aspecto importantíssimo da vida. Sem ele, nos mataríamos de trabalhar, nos levaríamos excessivamente a sério, nos entediaríamos, atazanaríamos uns aos outros e provavelmente seríamos derrubados pelo estresse. Precisamos de uma válvula de escape, e, depois do exercício físico, o entretenimento é a melhor maneira de obtê-la. Felizmente não faltam pessoas para fornecer divertimento – artistas talentosos, atletas, dançarinos, comediantes, escritores. Chamamos de celebridades os que se tornam famosos por seu talento.

O que essas pessoas talentosas realizam em sua vida profissional é importante e maravilhoso. Mas será que o que fazem na vida particular é igualmente importante e maravilhoso? Por que tamanha obsessão pelas celebridades? Por que precisamos saber quem estão namorando, com quem estão traindo, de quem estão tendo filhos, por que se separam, onde passam as férias, o que estão vestindo, o que comem e bebem? Por que existe toda uma indústria baseada no que os astros estão fazendo?

É porque milhões de pessoas desejam saber essas coisas e estão dispostas a pagar pela informação. Essa indústria fatura bilhões de dólares a cada ano. É só ver quais são as revistas mais vendidas.

Eis alguns exemplos da influência das celebridades:

- Jornalistas recebem salários polpudos só para escrever fofocas sobre os astros.
- As revistas de fofocas estão entre as mais vendidas.
- Milhares de bebês nascidos a cada ano recebem o nome de celebridades.
- As pessoas gastam bilhões de dólares em produtos endossados por celebridades.
- Biografias e autobiografias de celebridades estão sempre nas listas de best-sellers.
- Existem milhares de fã-clubes e colecionadores de objetos relacionados aos astros.
- As celebridades adquirem enorme influência ao apoiarem candidatos ou concorrerem elas próprias a cargos políticos.
- Vários programas de TV são inteiramente dedicados à vida privada dos astros.
- Na maioria dos portais da internet basta um clique para saber as mais recentes fofocas sobre as pessoas que nos entretêm.
- A vida privada dos artistas é o tema de conversa de milhões de pessoas a cada dia. Fala-se sobre eles como se fossem amigos íntimos ou membros da família. E isso é o que mais assusta.

Psicólogos e sociólogos explicam que isso acontece porque muitas pessoas carecem de uma identidade própria. Elas se sentem incompletas. Para preencher o vazio, apegam-se a alguém famoso e vivem indiretamente através daquela pessoa. É muito triste esse fenômeno. Também é triste constatar a influência que as celebridades exercem sobre nós, porque a vida privada de muitas delas nada tem de admirável. Mesmo assim, elas influenciam poderosamente as tendências e os valores de nossa sociedade. E como a mídia é insaciável, somos bombardeados diariamente com informações sobre a "vida dos astros".

O que me preocupa sobretudo é o grau de influência que as celebridades exercem sobre a vida de nossos filhos. Sei disso por experiência própria, pois estou em contato direto com crianças há mais de 40 anos. É realmente assustadora a suscetibilidade das mentes jovens aos acontecimentos da cultura popular. Este foi um dos principais motivos que me levaram a realizar o "exercício da conformidade cega".

Outra atividade que já realizei centenas de vezes com jovens tem por objetivo levá-los a refletir sobre as pessoas que mais os influenciam e como isso acontece. Começo pedindo que respondam por escrito à pergunta "Quais são os seus heróis?". Com poucas exceções, a maioria esmagadora dos alunos (inclusive alunos de pós-graduação na faculdade) cita nomes de celebridades.

Aí vem outra pergunta: "Você está confundindo a palavra 'celebridade' com a palavra 'herói'?" Isso provoca uma grande perplexidade e algumas exclamações de surpresa. Explico que existe uma grande diferença. Celebridade é uma pessoa famosa; herói é alguém que admiramos, uma pessoa que queremos imitar, um modelo a seguir. Repetimos o exercício. Na segunda vez eles geralmente falam dos pais, avós, irmãos e irmãs mais velhos, professores, treinadores, pastores e amigos especiais. Há uma grande diferença entre celebridade e herói.

Essa parte do exercício é seguida pelo relato de histórias da vida real. A maioria das pessoas acaba perdendo a concentração numa palestra, mas gosta e fica atenta ao ouvir uma boa história. Conto-lhes sobre a influência de alguns dos heróis que contribuíram para que eu me tornasse uma pessoa melhor e mais feliz.

Entre esses heróis estão minha mãe, professores que tive a sorte de conhecer na escola e na faculdade, um colega de turma vítima de paralisia infantil, um treinador de basquete. Peço aos alunos para olharem em volta. Entre as pessoas de suas relações há heróis genuínos, e existirão outros no futuro. E recomendo que prestem mais atenção nos seus heróis e menos nas celebridades.

Esses são os tipos de pessoas a que o rei Salomão se referiu ao nos aconselhar a aprender com os que são capazes de influenciar positivamente a nossa vida. É fundamental tomar consciência das influências a que estamos submetidos, e procurar pensar por nós mesmos. É muito importante prestar atenção nas pessoas capazes de contribuir para que façamos escolhas melhores e mais livres. Salomão repetidamente nos recomenda: "Adquire a sabedoria, adquire o entendimento." Ele também nos diz: "Não abandones a sabedoria, e ela te guardará; ama-a, e ela te preservará." (Provérbios 4:5-6.) Em seguida revela como podemos obter essa sabedoria:

> *Quem anda com os sábios será sábio.*
>
> – Provérbios 13:20

Como você passa seu tempo?

> *Precisamos decidir o que é realmente importante, realmente necessário, fazer disso uma prioridade e arranjar tempo. Senão o canto da sereia do mundo sempre nos manterá ocupados e desviados do que é realmente importante. O que é realmente importante?*
>
> – Matthew Kelly

Na década de 1970, administrar o tempo tornou-se uma obsessão entre homens de negócios, estudantes, pais, pastores, professores, prestadores de serviços, enfim, quase todo mundo. De repente parecia indispensável aprender a administrar nosso tempo com mais eficácia. Para a maioria das pessoas, isso significava fazer mais coisas em menos tempo. E, como todo mundo sabe que "tempo é dinheiro", concluíram que dominar o tempo resultaria em maior ganho.

Infelizmente, um dos aspectos mais importantes da administração bem-sucedida do tempo foi completamente ignorado. Esse aspecto é escolher as prioridades! A primeira pergunta a ser feita é: "Qual a melhor forma de aproveitar meu tempo neste exato momento?" Mas poucos se detêm para pensar nisso.

Como quase todas as pessoas envolvidas, tive de aprender a administrar mais eficazmente o meu tempo. Para isso, inscrevi-me num curso. Sorte minha. O especialista em uso eficaz do tempo começou com estas palavras: "Tudo que vou lhes ensinar envolve prioridades. O propósito deste curso é fazer com que vocês examinem seus valores, fixem suas prioridades e vivam de acordo com elas."

Ele começou com um exercício simples mas valioso. Entregou-nos uma folha de papel com duas colunas. O título à esquerda era Prioridades, e à direita, Tempo. Pediu que listássemos na primeira coluna as cinco coisas mais importantes para nós, em ordem de prioridade. E que escrevêssemos na segunda as cinco coisas que ocupavam a maior parte do nosso tempo enquanto estávamos acordados, em ordem de tempo gasto. Aquilo foi revelador para a maioria dos participantes, porque descobrimos uma diferença expressiva entre o que dizíamos ser importante e a forma como estávamos gastando o nosso tempo.

As duas palavras mais empregadas pelo líder do curso foram "prioridades" e "equilíbrio". Segundo ele, a maioria não vive conforme suas prioridades porque, além de não reservar tempo para defini-las por escrito, é seduzida pelos apelos da cultura popular, a ponto de deixá-la determinar o modo como vive e gasta seu tempo. Uma vida equilibrada torna-se impossível assim. Ele afirmou que as pessoas mais eficazes na administração de seu tempo e de suas vidas, além de fixarem suas prioridades, reservam tempo suficiente para elas.

Um livro brilhante sobre viver de acordo com nossas prioridades foi lançado em 1994. Chama-se *Primeiro o mais importante* e foi escrito por Stephen R. Covey, A. Roger Merrill e Rebecca R. Merrill. Na introdução, os autores fazem estas três perguntas perspicazes:

1. "Se você parasse para pensar seriamente nas 'principais coisas' em sua vida – as três ou quatro coisas que mais importam –, quais seriam elas?"
2. "Essas coisas estão recebendo o cuidado, a importância e o tempo que você realmente gostaria de lhes dedicar?"
3. "Por que as coisas principais em sua vida não são prioritárias?"

No livro, os autores ajudam os leitores a responder a estas e a muitas outras perguntas importantes. Eles advertem que sua mensagem é desafiante em um mundo consumista, imediatista e de soluções a curto prazo. E concluem aconselhando-nos a olhar para além das tentações de nossa cultura e formular a pergunta: "Existe algo que eu poderia realizar para fazer a diferença no mundo em que vivo?"

Existem coisas que todos podem fazer para aproveitar melhor o tempo. O primeiro passo é não se deixar seduzir pelos valores da cultura popular sem antes refletir.

> *Há um momento para tudo e um tempo para todo propósito debaixo do céu.*
>
> – Eclesiastes 3:1

> *Vede, pois, cuidadosamente como andais: não como tolos, mas como sábios, tirando bom proveito do período presente, porque os dias são maus.*
>
> – Efésios 5:15-16

Segundo mandamento

Não se apaixone pelo dinheiro e pelas posses

Eles o tornarão ganancioso e frívolo

Provérbios do Antigo Testamento

Quem confia na riqueza cairá,
mas os justos germinarão como a folhagem.

– Provérbios 11:28

Quem é ávido de rapinas perturba a sua própria casa.

– Provérbios 15:27

Novo Testamento

Porque o amor ao dinheiro é raiz de todos os males.

I Timóteo 6:10

Porque a vida do homem não consiste na abundância das coisas que possui.

Lucas 12:15

Segundo mandamento

Não se apaixone pelo dinheiro e pelas posses. Eles o tornarão ganancioso e frívolo

Porque, onde está o teu tesouro, aí estará também o teu coração.

– Mateus 6:21

Dinheiro: a grande obsessão

Muitos vêem os americanos como caçadores de dólares. Esta é uma acusação cruel, embora reiterada impensadamente pelos próprios americanos.

– Albert Einstein

Há poucas coisas na vida mais fascinantes – e às vezes deprimentes – que a obsessão por dinheiro. É fascinante quando a riqueza vem em conseqüência da criatividade e da paixão que levam uma pessoa a desenvolver algo capaz de melhorar a qualidade de vida de todos. Foi o que aconteceu, por exemplo, com os criadores do Google, que ajudaram a mapear o vasto oceano de informações disponíveis na internet. Por outro lado, é deprimente ver pessoas se perderem na busca obsessiva pelo dinheiro. Elas são capazes de arriscar sua saúde, destruir seus relacionamentos e se tornarem infelizes. Se chegarem a empregar meios ilegais para adquirir riqueza, podem ser presas e se destroem como seres humanos.

Essa ânsia por riqueza é estimulada por nossa sociedade, que glorifica os ricos e famosos. A mídia é um instrumento poderoso e insaciável dessa mentalidade. Desde muito cedo somos bombardeados por mensagens que dizem que sucesso, dinheiro e felicidade são sinônimos. Apliquei um exercício em meus alunos de nível médio e adultos que demonstra este ponto. Pedia-lhes para completar uma frase que começava com "Sucesso é...". Mais de 90% das respostas continham as palavras "dinheiro", "riqueza" ou "poder". Mais uma vez a cultura popular exercendo sua influência nefasta.

No subtítulo deste capítulo empreguei duas palavras fortes – "ganancioso" e "frívolo" – para descrever os efeitos dessa sedução. Ficamos gananciosos quando começamos a pensar que nosso valor como seres humanos é determinado pela quantidade de dinheiro e bens que possuímos. É uma luta interminável para ter cada vez mais. E nos tornamos frívolos quando começamos a pensar mais no dinheiro e nas coisas que ele pode comprar do que na família, amizades, aprendizado, realização, crescimento pessoal e dedicação ao próximo. Não há nada de errado em desejar ter uma vida confortável e prazerosa. Mas as coisas que dão realmente sentido à vida não podem ser compradas com dinheiro.

Quando falo isso, muitas vezes tenho ouvido pessoas afirmarem: "É fácil para um homem rico como você ficar dando esses conselhos." Talvez você mesmo, leitor, esteja pensando assim. Por isso eu gostaria de contar brevemente minha história.

Uma luta de 58 anos para sobreviver

É Javé quem empobrece e enriquece, quem humilha e quem exalta.

– I Samuel 2:7

Nasci em uma família de classe média baixa. Meu pai era metalúrgico, e minha mãe ficava em casa cuidando do meu irmão e de mim. Nunca enfrentamos a pobreza, mas conhecemos tempos difíceis. Quando meu pai sofreu um grave acidente de trabalho, tivemos que sobreviver com seu auxílio-doença por cerca de um ano, o que diminuiu muito nossas possibilidades. Quando ficou curado, meu pai procurou outros meios de nos sustentar, trabalhando durante longas horas, o que o levou de novo a adoecer.

Rememorando aqueles tempos, a coisa mais valiosa que aprendi foi como gastar dinheiro de forma sensata. Minha mãe e meu pai nunca desperdiçavam dinheiro, nem acumulavam dívidas. Quando o salário diminuía, cortávamos despesas. Minha mãe foi trabalhar fora quando eu estava na sétima série. Com isso, meus pais puderam me enviar à faculdade, já que eu manifestava esse desejo. Ficamos extremamente felizes quando a Universidade de São Francisco me ofereceu uma bolsa integral por quatro anos como jogador de basquete. Para minha família, pareceu uma dádiva dos céus.

Casei-me pouco depois de me graduar, e fiz a pós-graduação nos dois anos seguintes. Nosso primeiro filho, Dan, nasceu enquanto eu me credenciava para o magistério, e um ano depois veio Mark, quando eu me dedicava ao mestrado. Além de estudar, eu dava aula para uma turma noturna e outra diurna na universidade, e trabalhava 35 horas semanais como diretor de recreação. De algum modo conseguimos sobreviver naqueles dois anos, mas não sem um empréstimo.

No outono de 1966, comecei minha carreira numa profissão mal remunerada: professor. Cheguei a pensar seriamente em me tornar advogado – profissão em que se ganha mais dinheiro e se adquire mais prestígio –, mas decidi que fazer diariamente o que eu adorava era mais importante. Claro que eu precisava sustentar minha família, mas posso dizer honestamente que nunca ambicionei ficar rico. Pouco depois que comecei a carreira no magistério, nasceu Mike, nosso terceiro filho, e, embora vivêssemos frugalmente, foi preciso lecionar duas noites por semana na universidade para suplementar meu salário. Férias era um acontecimento raro em minha vida.

Quando Mike tinha 2 anos, minha mulher pediu divórcio, alegando que estar casada com um professor em constante dificuldade financeira não era exatamente o tipo de vida com que sonhara. Batalhei para ter a guarda dos meninos e assumi todas as despesas. Felizmente minha mãe ficava com meus filhos enquanto eu lecionava à noite, ajudava na faxina e comprava roupas para as crianças. Sem ela estaríamos perdidos.

Essa foi minha situação durante 10 anos, vivendo da forma mais simples possível. Mas, apesar da luta, levávamos uma vida agradável, usufruíamos o que podíamos ter, nos divertíamos bastante num convívio familiar saudável, e tudo isso nos fez entender que as melhores coisas da vida realmente custam muito pouco.

A situação financeira melhorou quando casei com Cathy, que trabalhava, e passei a dividir as despesas com ela. Após 18 anos pude, enfim, deixar de dar aulas durante o verão e tirar umas férias modestas. Claro que manter os três filhos na faculdade nos pesava, mas conseguimos dar conta do recado, e Mike se formou quando eu me aproximava dos 50 anos.

Aos 58 anos, meu primeiro livro editado por conta própria decolou, e subitamente eu me vi com duas fontes de renda. Ao mesmo tempo, minha carreira de conferencista, que começara meio por acaso aos 55 anos, também ganhou fôlego – uma renda adicional inesperada. O que estava acontecendo? O que eu deveria fazer com todo aquele dinheiro extra? A resposta veio em parte do exemplo de meus pais: use-o com inteligência, resista às seduções da sociedade de consumo. Decidi fazer com o dinheiro coisas que pudessem ajudar os outros.

Ganhe honestamente, gaste sabiamente

Sei viver modestamente, e sei também como haver-me na abundância; estou acostumado com toda e qualquer situação: viver saciado e passar fome, ter abundância e sofrer necessidade.

– Filipenses 4:12

Minha educação e a escolha de uma profissão que, apesar de me realizar muito, era mal remunerada, fizeram com que minha relação com o dinheiro fosse sempre pautada pelo bom senso. Vejo-o como uma necessidade e um recurso. Precisamos do dinheiro para garantir nossas necessidades físicas mais básicas e, além disso, podemos empregá-lo em coisas boas para nós, nossas famílias, em causas nobres e para ajudar os necessitados. Quando escrevi *As grandes lições da vida*, em 1990, eu ainda sobrevivia somente com meu salário de professor. Comecei abordando a questão do dinheiro e intitulei o primeiro capítulo de "Sucesso é mais do que ganhar dinheiro". Eu acreditava nisso naquela época, e continuo acreditando. O que importa não é quanto dinheiro você ganha, mas o que você faz de sua vida.

Repetirei algumas linhas daquele primeiro capítulo: "Não há nada de errado com o dinheiro. Não há nada de errado em querer dinheiro ou possuí-lo, mesmo em grandes quantias. Ganho honestamente e bem gasto, o dinheiro pode ser a fonte de muitas coisas boas. [...] Não há nada de ilegal ou imoral em ser rico, mas isso não é tudo na vida." Ricos ou pobres, o que realmente importa é quanto aprendemos, como nos empenhamos no trabalho, o que conquistamos, como tratamos os outros, se somos íntegros e generosos e o que fazemos para tornar o mundo um lugar melhor.

Minha filosofia a respeito do dinheiro é ganhá-lo honestamente e gastá-lo sabiamente. No oitavo capítulo falarei mais sobre como ganhar dinheiro honestamente, de modo que agora quero oferecer uma fórmula simples para gastá-lo sabiamente. Várias passagens no Antigo e no Novo Testamento aconselham a sermos bons supervisores do nosso dinheiro. Em outras palavras, precisamos administrá-lo bem. Como muitas pessoas administram suas finanças pessimamente – e você pode ser uma delas –, darei duas sugestões simples. Elas se baseiam na lógica, no bom senso e em conselhos bíblicos:

1. Anote suas prioridades financeiras em ordem de necessidade e depois gaste conforme essa ordem. Para todos nós, em primeiro lugar vêm as necessidades físicas: casa, comida, roupa e assistência médica. Se houver alguma sobra, gaste-a nas coisas que considera mais importantes. Se você ganha mais do que necessita, estabeleça uma segunda lista de prioridades para o gasto desse dinheiro extra. Minha lista inclui família, poupança, igreja, caridade, casa, educação e viagens. É claro que cada pessoa fará uma lista diferente.
2. Se precisar, procure ajuda. Recomendo conversar com pessoas que entendam do assunto. Pode ser um orientador financeiro profissional ou algum conhecido com uma boa experiência. Faça um plano específico por escrito e cumpra-o.

Quando o dinheiro e as posses se tornam problemas: adorar falsos ídolos e cobiçar o que os outros têm

Não terás outros deuses diante de mim.
Não farás para ti imagem esculpida.
Não te prostrarás diante delas.

– Primeiro e Segundo Mandamento
Êxodo 20:3-5

Não cobiçarás a casa do teu próximo [...] nem coisa alguma que pertença a teu próximo.

– Décimo Mandamento
Êxodo 20:17

"Eu sou o Senhor teu Deus. Não terás outros deuses diante de mim" (Êxodo 20:3). Não me recordo em que série escolar aprendi o primeiro mandamento, mas sei que ele deixou alguns de nós aturdidos. Nós sabíamos quem era Deus, mas o que seriam os "outros deuses"? Nossos professores explicaram que algumas pessoas naquela época adoravam outras coisas além de Deus. Entre elas estavam montanhas, animais e estátuas que eram chamadas de ídolos. O que Deus disse para Moisés foi: "Chega de ídolos."

Naquela época não conseguíamos entender por que as pessoas quereriam adorar algo além de Deus. Nossa professora explicou que, mesmo em nosso tempo, muitas pessoas continuavam adorando ídolos. Tentamos imaginar quais seriam, mas ela afirmou: "Os principais ídolos de hoje são: dinheiro e coisas."

"Não cobiçarás os bens do teu próximo." Ficamos também confusos com o décimo mandamento. O que significa "cobiçar", e que "bens" são esses? Fomos informados que "cobiçar" significa desejar coisas que pertencem a outra pessoa e procurar tirá-las do dono. Quando soubemos que "bens" era o mesmo que "coisas", achamos engraçado e começamos a criar mandamentos como: "Não cobiçarás os meus bens, principalmente minha barra de chocolate."

As pessoas continuam a adorar falsos ídolos e a cobiçar as coisas dos outros. Eis alguns exemplos recentes.

Adoração ao dinheiro

Em 1998, fui convidado para um seminário de três dias sobre a importância de definir nossas prioridades e trazer equilíbrio às nossas vidas. Muitos dos participantes eram executivos bem-sucedidos, e eu me senti um tanto deslocado. Uma das primeiras atividades foi compartilhar com grupos pequenos qual era nosso objetivo mais importante. O jovem executivo que falou primeiro afirmou com ênfase: "Meu objetivo número um é 40 antes dos 40!" Aparentemente fui o único a não entender o que ele estava falando. Quando pedi que me explicasse, ele me olhou com ar incrédulo e disse, ainda mais enfaticamente: "Quero ter 40 milhões de dólares antes dos 40 anos." E acrescentou: "Faltam apenas 4 ou 5 milhões." Tive a sensação de viver em outro planeta, mas os demais participantes fizeram gestos de aprovação, e um deles exclamou: "É isso aí!"

Como estávamos lá para examinar as nossas prioridades e os meios de equilibrar nossas vidas, perguntei: "E a sua família, que lugar ocupa nos seus objetivos?" Visivelmente contrariado, ele retrucou: "Para quem você acha que estou fazendo tudo isso?" Não prossegui na discussão, e fiz sinal para a próxima pessoa contar seu objetivo. Eu não estava convencido de que o Sr. 40-40 estivesse fazendo aquilo para a família e, baseado em várias outras afirmações suas nos dias seguintes, só pude concluir que ele nunca soubera o que significava a adoração de ídolos.

Adoração das posses

Participei de uma palestra numa conferência de homens de negócios em São Francisco. Em um dos intervalos vi-me em meio a um grupo pequeno e entusiasmado. Estavam todos dando parabéns a um homem, que chamarei de Peter, que estava absolutamente radiante. Ouvi-o dizer: "É o meu primeiro, e nunca me senti tão orgulhoso na vida. Aguardei muito tempo por isso." Imaginei imediatamente que seu primeiro filho tivesse nascido e perguntei se tinha uma foto. Ele respondeu, triunfante: "Claro!", e mostrou-me a foto, dizendo: "Aqui está meu bebê. Não é bonito?" Era a foto de um Mercedes-Benz. As outras pessoas do grupo estavam entusiasmadas. Fiquei perplexo.

Peter, o Mercedes-fã, acrescentou algo ainda mais inacreditável: "Na verdade, está acima das minhas posses, mas quando as pessoas me virem ao volante vão achar que sou um cara de sucesso." A maioria das conversas que ouvi naquele dia girou em torno de dinheiro, carros, férias em lugares exóticos, jóias e outros artigos de luxo. De novo eu me senti como um extraterrestre. Quando perguntavam sobre minha profissão e eu respondia que era professor de nível médio, o constrangimento provocado era claro e imediato. Não sabiam como reagir. Algumas, meio sem graça, diziam: "Que legal."

Essas situações são bastante comuns. Acredito que você já tenha observado cenas como essas. Elas sempre nos lembram o enorme poder sedutor da cultura popular, que procura nos convencer de que só seremos felizes e realizados com uma enorme quantidade de dinheiro e bens. A vida se distorce quando adoramos ídolos. Além de perdermos as verdadeiras alegrias, muitas vezes infligimos grande dor a nós mesmos e aos outros.

> *Faça do dinheiro seu deus e ele o atormentará como o diabo.*
>
> – HENRY FIELDING

QUANTO É SUFICIENTE?

> *Quem ama o dinheiro não se fartará de dinheiro; nem o que ama a riqueza se fartará do ganho.*
>
> – ECLESIASTES 5:10

> *Todos sofremos da mesma doença. Chama-se "mais".*
>
> – WAYNE DYER

Você acha que o Sr. 40-40 ficou satisfeito quando alcançou seu número mágico? Quarenta milhões foram suficientes? Ou ele passou a ser o Sr. 50-50? Será que ele consegue responder à pergunta do título desta seção? Você consegue responder? Alguma vez já tentou? Trata-se da pergunta mais difícil referente ao dinheiro, e contudo ela é a chave da paz de espírito em relação às questões que envolvem dinheiro.

Na década de 1970, quando eu batalhava em dois empregos para conseguir pagar as contas, um mentor deu-me um dos melhores conselhos financeiros que recebi. Era um homem rico que já enfrentara tempos difíceis. Ele começou afirmando que era importantíssimo responder à pergunta "Quanto é suficiente?" e aconselhou-me a colocar no papel e somar todas as minhas despesas mensais regulares: prestações, serviços públicos, alimentação, roupas, gasolina, seguro e as temidas despesas "inesperadas" que me assustavam a cada mês. Quando chegamos ao total, ele disse que aquilo era o suficiente. E acrescentou: "Fique grato se conseguir satisfazer as necessidades de sua família a cada mês, porque milhares de pessoas não conseguem." Disse que qualquer sobra era dinheiro "excedente" e aconselhou-me a poupar sempre que pudesse, investir sabiamente quando possível e de vez em quando proporcionar à minha família um agrado especial.

Sua definição de "suficiente" e seu lembrete de ser grato foram muito valiosos para mim. Aquele homem sábio simplificou toda a questão do dinheiro e deu-me um conselho precioso que segui por mais de 30 anos. Mesmo quando não tinha muito, eu me sentia grato por conseguir satisfazer as necessidades básicas de minha família. Aquilo era suficiente. Ele também me deu bons conselhos sobre o dinheiro excedente: "Se algum dia você tiver mais do que precisa, fique grato por isso também. Permita-se de vez em quando uma pequena mordomia e aplique o resto para ajudar outras pessoas." Encerrou nossa pequena sessão de aconselhamento com um alerta em uma só frase: "Querer demais é o que leva as pessoas a entrarem em apuros." Depois revelou três passagens das Sagradas Escrituras que o orientaram na administração de seu próprio dinheiro:

> *Pois que aproveitará ao homem ganhar o mundo inteiro mas arruinar sua vida?*
>
> – Mateus 16:26

> *Seja a vossa vida isenta de ganância, contentando-vos com o que tendes.*
>
> – Hebreus 13:5

Não ajunteis para vós tesouros na terra, onde a traça e a ferrugem os corroem, e onde os ladrões arrombam e roubam, mas ajuntai para vós tesouros no céu.

– MATEUS 6:19

O CRESCENTE ENDIVIDAMENTO

Fonte de vida é a sensatez para quem a possui, o castigo dos estultos é a idiotice.

– PROVÉRBIOS 16:22

Não te fatigues por adquirir a riqueza; não apliques nisso a tua inteligência.

– PROVÉRBIOS 23:4

O rico domina sobre os pobres, e o que toma emprestado é servo do que empresta.

– PROVÉRBIOS 22:7

Através dos Provérbios, Salomão nos aconselha. Ele nos alerta a não nos deixarmos seduzir pelos costumes do mundo, principalmente no tocante a dinheiro e posses. E constantemente nos lembra, como faz na primeira das três passagens acima, que quando cometemos atos insensatos acabamos pagando por eles. Ele aconselha a nos contermos no que diz respeito a dinheiro e ensina que o endividamento excessivo nos escraviza aos credores. Lembre-se que isso foi dito milhares de anos antes da invenção dos cartões de crédito. Mais tarde, no Eclesiastes, ele examina o que adquiriu durante a vida e acha que tudo é vaidade.

Fico muito impressionado ao constatar como as pessoas conseguem se endividar tanto. Por que isso vem ocorrendo numa escala tão grande? Historiadores, sociólogos e economistas concordam que cinco grandes tendências ajudaram a incentivar a loucura do endividamento em nossa sociedade:

1. A explosão da tecnologia tornou todos os tipos de mídia mais acessíveis à maioria das pessoas – e a mídia exerce mais influência do que nunca.
2. A tecnologia em si é sedutora. Os equipamentos se multiplicam e ficam obsoletos com enorme rapidez, impondo a compra de novos e mais sofisticados produtos. Ninguém quer ficar de fora!
3. O setor publicitário tornou-se mais científico e eficiente. Ele seduz compradores em potencial de todos os níveis de renda.
4. O crédito tornou-se ridiculamente fácil de conseguir.
5. Conceitos como moderação, simplicidade, adiamento da gratificação e autodisciplina, que faziam total sentido para nossos pais, vão se tornando cada vez menos atraentes para as novas gerações. Elas querem curtir a vida agora – ainda que não tenham condições para isso.

"Imagem é tudo!"

Outro fator que desempenha um papel importante na questão do endividamento é a valorização da imagem. No início da década de 1990, um campeão de tênis, Andre Agassi, fez um comercial de televisão para as câmeras Canon com a mensagem: "Imagem é tudo!"

A mensagem causou um impacto negativo, e Agassi acabou se arrependendo ao se dar conta de que estava defendendo valores superficiais. Ele, que é conhecido pela simpatia, generosidade e trabalho incansável em prol de jovens carentes, diz que cometeu um erro de julgamento.

Mas, se você ficar atento aos comerciais da televisão, irá constatar que uma grande porcentagem visa a pessoas preocupadas com a imagem. A mensagem dominante é que não importa o que você *é*, mas o que você parece. São homens fascinantes em carros fantásticos, mulheres deslumbrantes com roupas de grife. Tudo exterior, nenhum valor mais profundo. "Imagem é tudo!"

Infelizmente, essa mensagem exerce uma poderosa atração sobre pessoas de todas as idades, e elas estão dispostas a se endividar para investir na imagem. "Imagem é tudo!"

Nos meus últimos anos da carreira de professor de nível médio ouvi vários jovens dizerem que tinham vergonha de andar no carro da família porque eles eram "feios e ultrapassados". O mais triste foi ver vários pais comprarem carros mais sofisticados e caros só para contentar os filhos e impressionar outros jovens. "Imagem é tudo!"

Salomão olharia para esses carros e diria "Quem ama o dinheiro não se fartará de dinheiro; nem o que ama a riqueza se fartará do ganho" (Eclesiastes 5:10). E Jesus diria: "Acautelai-vos e guardai-vos de toda espécie de cobiça; porque a vida do homem não consiste na abundância das coisas que possui" (Lucas 12:15).

> *Não gaste seu dinheiro antes de ganhá-lo.*
>
> – Thomas Jefferson

Viver com menos e gostar mais

> *As pessoas são ricas na proporção das coisas que conseguem dispensar.*
>
> – Henry David Thoreau

Não estou sugerindo que para sermos felizes ou vivermos de acordo com os ensinamentos das Sagradas Escrituras precisamos fazer um voto de pobreza. Não é isso que a Bíblia diz. Mas ela nos recomenda que resistamos às seduções da sociedade de consumo e à adoração do dinheiro e das posses, que sejamos sábios e comedidos nos assuntos financeiros. A origem das questões ligadas a dinheiro está no fato de acharmos que precisamos de mais do que realmente precisamos. Vamos voltar a falar da cultura em que vivemos. Ela nos passa a mensagem – e nós acreditamos nela – de que para sermos felizes necessitamos possuir determinadas coisas e bens. Este é o objetivo principal da publicidade – criar essa associação entre felicidade e posse de objetos –, que há muitos anos vem fazendo isso eficazmente. Assim que achamos que precisamos de algo, impulsivamente saímos para comprar. Mas esse movimento é superficial e não responde ao que temos de mais profundo. As Sagradas Escrituras recomendam que reflitamos mais sobre o que é essencial na vida e indaguemos quais são as nossas reais necessidades. Quando fazemos isso, conseguimos viver com mais simplicidade. Percebemos que existem muitas coisas que podemos dispensar e também que devemos desenvolver a capacidade de usufruir as pequenas alegrias que a vida nos oferece a cada momento.

> *A maioria dos luxos e muitos dos denominados confortos da vida, além de dispensáveis, são empecilhos à elevação da humanidade. [...] Não é necessário dinheiro para comprar o que a alma precisa.*
>
> – Henry David Thoreau

> *Por mais rico que você se torne, por mais famoso ou poderoso, quando você morrer a quantidade de pessoas em seu funeral dependerá em grande parte da chuva.*
>
> – Michael Pritchard

Terceiro mandamento

Não empregue um linguajar destrutivo

Ele ofende tanto os outros quanto você

Provérbios do Antigo Testamento

Há quem tenha a língua como espada, mas a língua dos sábios cura.

– Provérbios 12:18

Os lábios do insensato provocam querela, sua boca provoca os golpes.

– Provérbios 18:6

Novo Testamento

Não saia da vossa boca nenhuma palavra torpe.

Efésios 4:29

Terceiro mandamento

Não empregue um linguajar destrutivo. Ele ofende tanto os outros quanto você

Quem vigia a própria boca guarda a sua vida; mas se perde quem escancara os lábios.

– Provérbios 13:3

Dois ganhadores do Prêmio Pulitzer e o poder das palavras

A grande maioria das pessoas não percebe, mas o poder das palavras é enorme. As palavras são as ferramentas mais eficientes para nos conectarmos com o resto do mundo. Entretanto, assim como os peixes não percebem que estão cercados por água, muitas vezes parecemos não perceber o oceano de palavras em que vivemos. Com freqüência esquecemos que nossas palavras podem exercer um forte impacto na vida dos outros e na nossa. Duas figuras conhecidas e muitíssimo respeitadas dos tempos atuais chamaram a atenção para esse fato.

Will Durant (1885-1981) foi possivelmente um dos maiores historiadores de todos os tempos. Por mais de 50 anos ele e a esposa, Ariel, elaboraram os 11 volumes do livro *História da civilização*. Ele recebeu o Prêmio Pulitzer por sua contribuição ao conhecimento da história, da cultura e da filosofia. Num livro maravilhoso intitulado *As idéias e mentes mais brilhantes de todos os tempos*, ele listou o que considerava as 10 maiores realizações da história da raça humana. A mais importante de todas, segundo Durant, foi o desenvolvimento da linguagem – a palavra falada. Sem ela, nenhuma das outras teria sido possível. As palavras determinaram o rumo da História simplesmente porque permitem que comuniquemos nossas idéias uns aos outros.

> *Ao longo da história humana, os maiores líderes e pensadores se valeram do poder das palavras para transformar nossas emoções, para nos atrair às suas causas e para moldar o rumo do destino. As palavras, além de criarem emoções, criam ações. E de nossas ações fluem os resultados de nossas vidas.*
>
> – TONY ROBBINS

Maya Angelou, também ganhadora do Prêmio Pulitzer, costuma ser reconhecida como uma das figuras mais influentes da literatura contemporânea. Poeta, professora, historiadora, ativista dos direitos civis, escreveu vários best-sellers. Ninguém parece entender mais claramente a importância e o poder das palavras. Em 1993, numa entrevista à revista *USA Weekend* sobre sua visão da linguagem e do impacto que pode exercer, Maya disse que a maioria das pessoas vê as palavras como "efêmeras", de curta duração. Mas ela está convencida de que as palavras são "coisas tangíveis" e, uma vez ditas, nunca morrem.

> *Acredito que as palavras [...] têm o efeito de penetrar no corpo. Assim fazem com que fiquemos bem, esperançosos, cheios de energia, maravilhados, engraçados e alegres. Ou podem nos deprimir. Elas penetram no corpo e são até capazes de nos fazer adoecer.*
>
> – MAYA ANGELOU

Dois autores bíblicos e o poder das palavras

A morte e a vida estão no poder da língua.

– Provérbios 18:21

Muito antes do surgimento de Will Durant e de Maya Angelou, o velho e sábio Salomão escreveu seus Provérbios. Ele ensinou que uma parte essencial da sabedoria está na compreensão do impacto de nossas palavras sobre os outros e sobre nós mesmos. Considerou essa questão de tal importância, que escreveu a respeito em mais de 50 versículos diferentes. Eis alguns deles:

> *Do fruto das suas palavras o homem sacia-se com o que é bom; e cada qual receberá a recompensa por suas obras.*
>
> – 12:14

> *A língua dos sábios torna o conhecimento agradável, a boca dos insensatos destila idiotice.*
>
> – 15:2

> *Uma língua suave é árvore de vida; mas a língua perversa quebra o coração.*
>
> – 15:4

> *A boca do tolo é a sua própria destruição, e os seus lábios, armadilha para a sua vida.*
>
> – 18:6-7

> *Maçãs de ouro com enfeites de prata é a palavra falada em tempo oportuno.*
>
> – 25:11

Salomão não estava sozinho em sua crença. Nas palavras do Antigo e do Novo Testamento repetem-se as advertências e sugestões sobre a importância do que dizemos. Uma das descrições mais vivas sobre o poder da língua pode ser encontrada no terceiro capítulo da epístola de Tiago no Novo Testamento. Ele diz: "Assim também a língua, embora seja pequeno membro do corpo, se jacta de grandes feitos. Notai como o pequeno fogo incendeia a floresta imensa" (Tiago 3:5). E prossegue: "Ora, também a língua é fogo... Com efeito, toda a espécie de feras tem sido domada pela espécie humana. Mas a língua, ninguém consegue domá-la: é mal irrequieto e está cheia de veneno mortífero" (3:7-8).

Um exemplo de disseminação de veneno

Releia as últimas palavras de Tiago no parágrafo acima. Alguma vez você imaginou que podemos espalhar um veneno mortífero com nossa língua, por meio da simples fala? Não apenas podemos, como fazemos isso todos os dias, em todos os lugares. O mais incrível é que muitas vezes não percebemos o veneno que espalhamos nem a atmosfera nociva que ele cria.

A fofoca tem um gosto delicioso enquanto não descobrimos que o gosto da verdade e do respeito é infinitamente melhor. Cada um de nós já participou ou foi vítima de fofocas destrutivas em maior ou menor grau. Uma de minhas experiências mais dolorosas e perturbadoras se deu em um meio que se dizia profundamente cristão. De repente eu me vi envolvido em maledicências e acusações, e aquilo criou para mim um sério dilema. Como me afastar daquele ambiente nocivo sem agredir alguém?

Fui procurar na Bíblia e encontrei 25 referências a fofoca e difamação, 13 no Antigo Testamento e 12 no Novo Testamento. A mensagem era basicamente a mesma, independentemente do versículo: "Não as faça!" O que me deu força para enfrentar o problema foi uma passagem no Novo Testamento que dizia que temos o dever de, educadamente, discretamente e "com espírito de mansidão", confrontar um companheiro cristão "surpreendido em algum delito", corrigindo-o (Gálatas 6:1). Reuni o grupo da minha igreja e, o mais serenamente possível, falei sobre o que encontrara nas Sagradas Escrituras. Não dei às minhas palavras um tom de acusação, mas de autocrítica.

Houve uma receptividade razoável, mas lembro-me do comentário de uma mulher: "Eu sei que não devemos agir assim, mas é tão difícil parar. Ninguém é perfeito, você sabe, e todo mundo faz fofocas. É divertido. Além disso, nunca magoamos ninguém." Fiquei chocado: será possível fofocar sem magoar alguém?

> *Além disso, aprendem a viver ociosas, andando de casa em casa; e não somente ociosas, mas também bisbilhoteiras, indiscretas, falando o que não devem.*
>
> – I Timóteo 5:13

> *Bem no fundo sabemos que a fofoca, seja verdade ou mentira, é destrutiva. Ela ateia um incêndio que nem o fofoqueiro nem a vítima da fofoca conseguem controlar.*
>
> – Phil Ware

Impedir a disseminação do veneno

As pessoas são realmente capazes de usar suas línguas para espalhar veneno mortal na atmosfera, como Tiago escreveu. E o mais terrível é que elas o fazem sem a menor noção do clima negativo que estão criando. Aquilo se torna um hábito, e, sem sequer perceberem, os fofoqueiros, os maledicentes e os caluniadores espalham toxinas na atmosfera, contaminando e envenenando os outros.

Decidi que, em vez de me empenhar em eliminar o veneno, eu iria dedicar-me a criar um ambiente positivo em cada uma das minhas turmas de escola. Informei aos meus alunos que o objetivo número um naquele ano seria criar uma "comunidade de compaixão" nas nossas salas de aula. Eles estranharam, confundindo compaixão com pena. Mas eu lhes expliquei do que se tratava e pedi que pensassem em como seria a vida se estivéssemos mais atentos para as necessidades e problemas dos outros, e se refletíssemos antes de falar para avaliar se nossas palavras iriam causar um bem ou um prejuízo para os nossos companheiros.

Perguntei aos meus alunos se gostariam de estudar num ambiente nocivo ou sadio. Depois que expliquei o significado desses termos, todos concordaram com uma das minhas frases favoritas: "Nada cresce se não estiver num ambiente sadio." Fiz então uma pergunta cuja resposta era óbvia: "Vocês acham que seria ruim se algum de nós espalhasse veneno na sala?" Os alunos riram, e um deles perguntou: "Por que alguém haveria de espalhar veneno numa sala de aula?" Sorrindo, respondi: "Por vários motivos, mas o importante é pensarmos nas formas como as pessoas fazem isso. Quem me ajuda a pensar?" Então, juntos, começamos a preparar uma lista.

Mais tarde, estudantes adultos de uma cadeira de comunicação deram novas contribuições para a lista, e acabamos chegando a 30 formas diferentes pelas quais podemos espalhar veneno com nossas línguas. Concordamos que nos esforçaríamos para eliminá-las. Um dos alunos sugeriu darmos à lista um nome que sintetizasse tudo. Em poucos minutos chegamos ao nome perfeito: OS TRINTA POLUENTES. E, como subtítulo, "Ações que Podem Ferir e Ofender". São elas:

1. Gabar-se
2. Praguejar e usar linguagem desagradável
3. Fofocar
4. Proferir palavras raivosas
5. Mentir
6. Proferir palavras mesquinhas e ferinas
7. Julgar
8. Fazer-se de vítima – o jogo da autocomiseração
9. Fazer observações desanimadoras
10. Constranger e humilhar as pessoas

11. Criticar em excesso
12. Reclamar, queixar-se, lamentar-se
13. Usar de linguagem rude e desrespeitosa
14. Zombar de seus semelhantes
15. Se valer de palavras para manipular as pessoas
16. Cumprimentar de modo falso e insincero, bajular
17. Fazer comentários racistas
18. Fazer comentários sexistas
19. Desrespeitar os mais velhos
20. Ser negativo – apontando só o que está errado
21. Ameaçar
22. Discutir por qualquer motivo
23. Interromper quem está falando
24. Querer ser sempre melhor do que o outro
25. Ser o dono da verdade
26. Ser sarcástico ou irônico
27. Gritar, berrar
28. Depreciar as pessoas
29. Exagerar, perdendo o senso do ridículo
30. Culpar e acusar as pessoas

Ficamos surpresos com a extensão da lista. Um dos alunos da universidade observou: "Acho que nunca percebi que existiam tantas maneiras de espalhar veneno no nosso ambiente. Realmente precisamos prestar mais atenção no que sai de nossas bocas." A lista ajuda a compreender mais claramente por que Salomão nos aconselhou a guardarmos nossos lábios e Tiago nos alertou para a peçonha que poderíamos espalhar com nossas línguas.

Perguntei aos estudantes quais foram os reflexos da lista na vida deles. Os alunos do nível médio responderam que ela os conscientizou da nossa negligência com as palavras e da facilidade com que as pronunciamos de forma destrutiva. Acharam tão importante essa tomada de consciência que sugeriram que o impacto das palavras fosse um tema abordado durante os anos escolares. Um dos meus jovens alunos propôs que assinássemos um pacto comprometendo-nos a não espalhar veneno no ambiente da sala de aula. Todos concordaram, e no dia seguinte todos havíamos assinado o "Pacto Antiveneno". Colocar nosso compromisso no papel foi bem eficaz.

Meus alunos adultos tiveram uma perspectiva ligeiramente diferente. A maioria achou que deveria se concentrar em remover o veneno dos seus locais de trabalho. Fiquei surpreso ao saber da quantidade de veneno que é espalhada nos escritórios e salas de reuniões das empresas – queixas, críticas, acusações e fofocas. Também concordaram que a lista se aplicava ao lar. Observaram que a maioria das pessoas leva os poluentes do trabalho para casa, contaminando assim os membros da família.

O CORAÇÃO E A LÍNGUA

O homem bom do bom tesouro do seu coração tira o bem, mas o homem mau do seu mal tira o que é mau, porque a boca fala daquilo de que está cheio o coração.

– LUCAS 6:45

Se você for procurar no dicionário o significado da palavra "coração", vai encontrar: "a parte mais íntima de um ser; o berço dos sentimentos, das emoções, do afeto, do ânimo, da coragem". Portanto, não estamos falando do órgão que bombeia o sangue através de nosso sistema vascular. Aqui, coração é o núcleo de cada ser humano. Portanto, se o que sai das nossas bocas vem do que está armazenado em nossos corações, nossas palavras são incrivelmente reveladoras. O que está saindo das nossas bocas? Se está saindo um excesso de negatividade, precisamos olhar para dentro e perguntar qual a razão de tanta negatividade armazenada. Como ela foi parar dentro de nós?

Ora, fomos nós que a pusemos ali e depois a alimentamos. Você se lembra do título do primeiro capítulo deste livro? "Não se Deixe Seduzir pelos Valores da Cultura Popular". Um dos efeitos da cultura transmitida particularmente pela mídia é encher de lixo nossos corações e nossas mentes: idéias raivosas, obscenas, desrespeitosas, negativas. Se não nos damos conta disso e deixamos nossos corações e nossas mentes se encherem com o lixo que a mídia oferece, esse lixo acabará saindo por nossas bocas. Muito antes de Freud descrever o ato falho – o que está armazenado nas nossas mentes (corações) acabará escapando pela língua –, o rei Davi, Salomão, Jesus, Tiago e várias outras figuras bíblicas já nos haviam falado o mesmo.

Zig Ziglar, o conhecido conferencista motivacional, faz uma afirmação que compartilhei ano após ano com meus alunos: "Você é o que é graças ao que entra na sua mente." A mente é o centro de controle – se entra lixo, sai lixo. Se permitimos que a mídia e certos valores da cultura popular encham nossas mentes de coisas negativas, nossas palavras acabarão revelando o que armazenamos dentro de nós. Quando o coração transborda, a mente fala.

Em seu livro maravilhoso *Words that Hurt, Words that Heal* (Palavras que ferem, palavras que curam), o rabino Joseph Telushkin conta que desafia as pessoas a passarem 24 horas sem dizer nada de negativo a respeito das outras. É um exercício para conseguir "controle sobre a língua". Infelizmente, muitos perderam esse controle. Vivemos numa cultura de queixas, desprezo, fofocas, críticas, acusações, linguagem agressiva e outros itens dos Trinta Poluentes. Eles entram em nossos corações e mentes vindos de uma variedade de fontes e acabam escapando por nossas bocas.

Passei também a perguntar aos meus alunos de nível médio se eram capazes de passar um dia inteiro sem reclamar. Eles acharam difícil demais, e alguns nem quiseram tentar. Convenci-os a experimentar, nem que fosse para aprenderem algo com a experiência. Todos fracassaram. Mas, como previ, aprenderam algo sobre eles mesmos. Não tinham qualquer idéia da freqüência de suas reclamações e perceberam que aquele hábito os dominara.

Lancei o mesmo desafio para os alunos adultos na universidade, achando que seria mais fácil para eles. Errei. Também não conseguiram. Mas, apesar disso, continuei desafiando ambos os grupos de estudantes todos os anos. Decorreram 23 anos até eu encontrar alguém capaz de conseguir. O vencedor foi uma aluna do primeiro ano do nível médio, Grace. Ela revelou que foi auxiliada por uma técnica criada por ela mesma. Cada vez que ia reclamar, o que era comum, em vez de fazer isso, anotava algo ou o nome de alguém que lhe despertava gratidão. Mostrou-me a lista. Continha mais de 25 itens. Grace enunciou uma crença antiga minha: "Apesar de vivermos numa cultura onde há muito mais coisas pelas quais devemos nos sentir gratos do que coisas de que nos queixar, reclamamos 100 vezes mais do que expressamos gratidão." E envenenamos o ambiente cada vez que o fazemos.

Um dos princípios simples da vida, de que precisamos nos lembrar todos os dias, é: *cada vez que abrimos nossas bocas, revelamos algo sobre nós mesmos.* Nossas palavras revelam o que está armazenado em nossos corações. Revelam nosso caráter e quem realmente somos. Se nossas palavras são, com freqüência, negativas e raivosas, além de poluirmos a atmosfera afastamos os outros de nós. Colhemos o que semeamos.

> *A fala é o espelho da alma; o homem é aquilo que ele diz.*
>
> – Publius Syrus

Duas coisas importantes sobre as nossas palavras

Alguns temas centrais de todos os meus textos são as escolhas que fazemos. É fundamental que nos lembremos sempre de que *todas as nossas ações envolvem escolhas.* Em relação às palavras, fazemos duas escolhas importantes:

1. Falar ou permanecer calado

A verdadeira arte da conversa não se resume a dizer a coisa certa no momento certo. É bem mais difícil deixar de dizer a coisa errada num momento de tentação.

– Dorothy Nevill

"Ponha sua mente em ação antes de colocar sua boca em movimento." É fácil de entender, mas difícil de praticar. Quase todos nós já dissemos coisas estúpidas ou ofensivas simplesmente porque não dedicamos alguns segundos a pensar. Um dos meus mentores certa vez contou: "Se eu ganhasse um dólar toda vez que falei tolamente sem pensar primeiro, provavelmente estaria multimilionário." Sua confissão me consolou, pois ele era uma das pessoas mais sábias que já conheci. É espantoso quantos problemas podemos acarretar para nós mesmos e para os outros quando falamos impulsivamente, sem antes colocar nossa mente em ação. Esse mentor, como muitos outros, disse que aprendeu com seus erros. Um verdadeiro sinal de sabedoria, ele afirmou, é saber quando escutar, quando falar e quando conter a língua – exatamente o que Salomão disse no século X a.C.

2. Usar palavras enriquecedoras ou tóxicas

A boca do justo é fonte de vida, porém a boca dos ímpios encobre a violência.

– Provérbios 10:11

Qualquer palavra nossa deve ser escolhida com cuidado, pois as pessoas serão influenciadas por ela de forma positiva ou negativa.

– Buda

Cresci numa casa em que o ambiente era poluído. Minha mãe é a pessoa mais doce do mundo, sempre com algo gentil e positivo para dizer, mas meu pai era responsável pela poluição. Infelizmente foi a pessoa mais raivosa e negativa que já conheci. Embora honesto, trabalhador, cumpridor das leis e generoso, tinha pouco controle sobre sua língua. Era agressivo e extremamente crítico. Reclamava e praguejava quase o tempo todo. Xingava os políticos, usando termos grosseiros e ofensivos que acabaram influenciando minha linguagem. Eu achava que essa era a forma de falar dos homens.

Fui salvo na universidade e mudei meus padrões de fala. Vi-me cercado de homens inteligentes, instruídos (todos os meus professores eram do sexo masculino), que falavam de forma gentil e positiva. Foi também na universidade que aprendi o que era livre-arbítrio – o poder de escolha. Eu me conscientizei de que podia escolher as palavras e a maneira de proferi-las.

Com o tempo, meu vocabulário e minha maneira de falar melhoraram substancialmente. Mas foi a influência de um grande amigo que mudou minha vida de forma radical. Tim Hansel sempre tinha algo de bom para dizer. Tudo o que saía de sua boca era positivo. Ele buscava o bem, encontrava o bem e falava sobre o bem. Estar ao seu lado era sempre uma alegria.

A educação de Tim fora bem diferente da minha. Sua mãe e seu pai haviam sido pessoas positivas, alto-astral e divertidas, e lhe transmitiram essas qualidades. Quando criança, ele também recebeu lições valiosas das Sagradas Escrituras. Uma delas foi sobre o poder das palavras. Foi Tim quem me deu a minha primeira Bíblia. Eu era um cético na época, mas li-a por ter sido presente de um amigo especial. Fiquei surpreso com o bom senso que lá encontrei e com a quantidade de referências ao poder da língua.

Tim era um exemplo vivo do que acontece quando escolhemos as palavras certas e de que colhemos o que semeamos. Nós nos sentimos melhores e fazemos com que os outros se sintam melhores. Espalhamos alegria em vez de veneno. Todos adoravam Tim e queriam estar perto dele.

> *Não saia dos vossos lábios nenhuma palavra inconveniente, mas, na hora oportuna, a que seja boa para a edificação, que comunique graça aos que a ouvirem.*
>
> – Efésios 4:29

> *Palavras suaves são como favos de mel, doçura para a alma e saúde para o corpo.*
>
> – Provérbios 16:24

Quarto mandamento

NÃO JULGUE OS OUTROS

É MELHOR SE CONCENTRAR

NOS SEUS PRÓPRIOS DEFEITOS

PROVÉRBIO DO ANTIGO TESTAMENTO

Quem pode dizer: Purifiquei o meu coração, limpo estou de meu pecado?

– PROVÉRBIOS 20:9

NOVO TESTAMENTO

Por que reparas no cisco que está no olho do teu irmão, quando não percebes a trave que está no teu?

– MATEUS 7:3

Quarto mandamento

Não julgue os outros. É melhor se concentrar nos seus próprios defeitos

Por isso és inescusável, ó homem, quem quer que sejas, que te arvoras em juiz. Porque, julgando a outrem, condenas a ti mesmo, pois praticas as mesmas coisas que tu julgas.

– Romanos 2:1

Um dos preceitos mais desafiadores da Bíblia

Como já disse, certas coisas que as Sagradas Escrituras nos aconselham a fazer (ou a não fazer) representam enormes desafios. Algumas podem até parecer impossíveis. Mas não são. Tudo depende do esforço a que estamos dispostos para corrigir nossas falhas. Considero não julgar os outros o segundo desafio mais difícil contido na Bíblia. O primeiro você descobrirá num capítulo mais à frente. Mas vamos ao desafio que representa deixar de julgar.

Por que é tão difícil deixar de julgar os outros? Por dois motivos. Primeiro, porque nascemos com o defeito básico que já mencionei: *orgulho*. Em maior ou menor grau, somos todos egocêntricos, egoístas, vaidosos e interesseiros. Não há como negar, faz parte da condição humana. Mas a boa notícia é que temos também o livre-arbítrio – a capacidade de escolher. Então nosso sucesso na vida será determinado pela forma que escolhermos para lidar com nosso orgulho e o dominarmos. As pessoas que conseguem isso gastam pouquíssimo tempo e energia julgando os outros.

O segundo motivo de ser tão difícil não julgar os outros é que isso se torna facilmente um hábito. Vivemos numa cultura em que estamos cercados por reclamações, críticas, competição, acusações, julgamentos e até condenações. Somos afetados por isso no trabalho, nos círculos sociais, em casa e até mesmo em nossas igrejas. Sem falar na mídia. Somos envolvidos sem sequer percebermos. Criticar os outros tornou-se quase um esporte. Para alguns, nada mais divertido do que conversar sobre os defeitos de outra pessoa. É tão comum que se tornou aceitável.

Por que julgamos os outros?

Grande parte de nossas censuras aos outros não passa de elogios dissimulados a nós mesmos. Censuramos para mostrar nossa sabedoria e superioridade.

– Tyron Edwards

Durante meus muitos anos como professor enfrentei um desafio a cada início do ano escolar: como lidar de maneira eficaz com o impulso aparentemente irresistível dos adolescentes de humilharem uns aos outros. Eu sentia uma enorme necessidade de encontrar uma solução, pelo simples motivo de que as humilhações prejudicavam o aprendizado. Nada cresce num ambiente nocivo.

Durante uma aula fiz uma pausa e perguntei aos alunos por que se criticavam com tanta freqüência. As respostas foram engraçadas e esclarecedoras. Um deles respondeu: "Porque esta escola está cheia de panacas." Outro rapidamente acrescentou: "Esses idiotas estão precisando de umas lições." Depois veio o melhor comentário de todos, de um rapaz de 14 anos incrivelmente brilhante, perspicaz e divertido: "Não é incrível que nem todos possam ser tão legais como nós?" Seu comentário foi ponto de partida para uma grande discussão sobre os motivos que nos levam a criticar, prejulgar e humilhar os outros. Foi um excelente debate de que todos participaram.

Parte da discussão envolveu a psicologia que eu vinha lecionando. Eu a defini como o estudo do comportamento humano e expliquei que seu objetivo é ajudar a entender por que as pessoas fazem o que fazem. Por exemplo, por que as pessoas criticam tanto umas às outras? Falei de Sigmund Freud, considerado o pai da psicologia, e de Carl Jung, outro pioneiro da disciplina. Escrevi essas palavras no quadro-negro:

> *Tudo que nos irrita nos outros pode nos levar a uma compreensão de nós mesmos.*
>
> – Carl Jung

Pedi que comentassem essa afirmação. Um dos adolescentes respondeu que aquilo soava como algo que sua mãe dissera: "Em geral não gostamos nas outras pessoas daquilo que não gostamos em nós mesmos." Outro aluno acrescentou: "Quando você aponta um dedo para outra pessoa, está apontando três para você mesmo."

Mais tarde tive uma discussão semelhante com um grupo de profissionais cujas idades variavam de 30 a 50 anos. Quando perguntei por que prejulgamos, criticamos e humilhamos os outros, suas respostas foram semelhantes às dos adolescentes. Um executivo de 50 anos disse: "Sabemos todas as razões pelas quais não devemos julgar os outros, mas, apesar disso, continuamos julgando. É bom que saibamos que o julgamento pode se voltar contra nós. Seríamos melhores gerentes se aplicássemos o que estamos aprendendo."

> *Avaliamos os outros com uma justiça divina, mas queremos ser avaliados com uma compaixão divina.*
>
> – Sydney J. Harris

> *Porque o julgamento será sem misericórdia para quem não pratica a misericórdia; a misericórdia desdenha o julgamento.*
>
> – Tiago 2:13

Deixemos portanto de nos julgar uns aos outros; cuidai antes de não colocar tropeço ou escândalo diante de vosso irmão.
– Romanos 14:13

Um pequeno teste

Quais são seus pensamentos iniciais ao encontrar alguém que se encaixa em uma das descrições a seguir?

- Tem 10 a 20 tatuagens – uma delas, em cores brilhantes, cobre todo um braço.
- Pesa entre 120 e 150 quilos.
- Tem piercings no nariz, no lábio e nas sobrancelhas.
- Usa sapatos sociais pretos, meias compridas pretas e bermuda.
- É negro, usa chinelos, camiseta sem manga e jeans desbotado.
- Não é fisicamente atraente.

O que você acharia de alguém que faz uma das seguintes coisas?

- Comete vários erros gramaticais ao falar.
- No restaurante, conversa aos berros no celular.
- No trânsito, faz uma barbeiragem na sua frente.
- Expressa fortes convicções políticas opostas às suas.
- Joga videogame mais de seis horas por dia.
- Bebe até cair.

Se você for 100% honesto, admitirá que foi inevitável julgar ao menos algumas pessoas que se enquadram nas descrições acima. Foi fácil fazer essa lista. Bastou perguntar a mim mesmo: "Em que ocasiões prejulguei as pessoas sem conhecer todos os fatos?" E constatei que foram inúmeras vezes. Isso não me incomodava quando eu era mais jovem. Mas, à medida que amadureci e tomei consciência do meu orgulho, percebi que sempre que julgava outra pessoa eu estava me valorizando. Na comparação, eu rotulava o outro e me achava muito melhor do que ele. São esses os julgamentos impensados que as Sagradas Escrituras nos aconselham a não fazer. Nada de bom pode resultar deles.

Não estou dizendo que se deva gostar de todo mundo ou aceitar tudo que as outras pessoas fazem. Mas o fato de uma pessoa não estar à altura do seu nível de exigência ou de fazer algo que o aborreça não significa que deva ser execrada ou mesmo rejeitada. Eu certamente me irrito com pessoas que berram nos celulares em locais públicos, sobretudo em restaurantes. Não gosto, acho desrespeitoso, mas não posso, a partir daí, concluir que se trata de um completo imbecil. Pode ser uma pessoa boa e generosa que erra de vez em quando, como milhões de outras pessoas – como eu mesmo.

Por um motivo aparentemente incompreensível, parece mais fácil se agarrar a conclusões falsas e negativas sobre outra pessoa do que supor que ela seja boa, gentil e honesta. Freqüentemente fazemos julgamentos impensados e atribuímos qualidades negativas a alguém baseados apenas em informações limitadas e superficiais. Ao fazer isso, como já disse, revelamos algo sobre nós mesmos. Os defeitos que apontamos nos outros costumam ser um reflexo das falhas que vemos em nós, ainda que não tenhamos consciência disso. E, se vemos apenas defeitos, não conseguimos descobrir o lado bom.

> *As críticas nos impedem de ver o bem que existe por trás das aparências.*
>
> – Wayne Dyer

Todos os julgamentos são errados?

Tanto o Antigo como o Novo Testamento nos dizem para não julgar os outros. Existem muitos tipos diferentes de julgamento, mas as Sagradas Escrituras advertem apenas contra um deles. Nos dicionários, entre várias definições do verbo "julgar", está: "emitir parecer, opinião sobre alguém ou alguma coisa; formar conceito, opinião". Trata-se de julgar tendo por base religião, raça, idade, preferência sexual, crenças políticas, grau de instrução, profissão ou a aparência de uma pessoa. Quando julgamos dessa maneira dispomos apenas de poucas informações, com base nas quais depreciamos o outro e nos valorizamos. É isto que a Bíblia condena.

Existe um relato no Evangelho de Lucas que ilustra perfeitamente esse fato:

> *Dois homens subiram ao templo para orar; um era fariseu, e o outro, publicano. O fariseu, de pé, orava interiormente desse jeito: "Ó Deus, eu te dou graças porque não sou como os demais homens, ladrões, injustos, adúlteros, nem como este publicano. Jejuo duas vezes por semana e dou o dízimo de tudo quanto ganho." O publicano, mantendo-se à distância, não ousava sequer levantar os olhos para o céu, mas batia no peito, dizendo: "Meu Deus, tem piedade de mim, pecador!" Eu vos digo que este último desceu para casa justificado, e o outro, não. Pois todo o que se exalta será humilhado, e quem se humilha será exaltado.*
>
> – Lucas 18:10-14

As Sagradas Escrituras não dizem que *todo* julgamento é errado. Existem circunstâncias em que o julgamento é absolutamente necessário. Eis alguns exemplos:

- Nosso sistema judicial depende fortemente de uma pessoa que chamamos de juiz. Ele costuma ser auxiliado por cidadãos que formam o júri. Juntos, eles analisam as provas, discutem seus pontos de vista e chegam a um veredicto.

- Os professores precisam avaliar o trabalho de seus alunos.
- Em todas as empresas e profissões, pessoas são contratadas, promovidas ou despedidas regularmente. Alguém precisa fazer avaliações e julgamentos críticos para assegurar um bom desempenho.
- Os consumidores julgam produtos e serviços diariamente.
- Nosso sistema democrático de governo também depende do julgamento dos eleitores. Vamos às urnas para decidir quais os melhores candidatos aos cargos eletivos, ou o que está certo ou errado numa questão que se submete a plebiscito.
- Todas as formas de competição requerem julgamento. Alguém tem que escolher os vencedores do Oscar, os convocados para disputar a Copa do Mundo e o melhor jogador do ano.
- Editores julgam textos literários todos os dias. Eles decidem se publicarão ou não as obras de milhares de escritores que lhes enviam seus originais.

Não é o ato de julgar que está errado, mas a atitude com que julgamos. Sempre que desprezamos alguém por uma razão superficial, estamos basicamente dizendo a mesma coisa que meus alunos de 14 anos: "Você não é legal porque não é igual a mim." Não temos o direito de julgar as outras pessoas dessa forma. Por isso Jesus pergunta por que vemos o cisco no olho do nosso irmão e não reparamos na trave que está no nosso. Ao julgar dessa maneira, ignoramos os princípios do bom senso e acabamos colhendo o que semeamos.

> *Não julgueis, para não serdes julgados. Porque com o julgamento com que julgais sereis julgados, e com a medida com que medis sereis medidos também.*
>
> – Mateus 7:1-2

"Eu estou salvo, mas você, não"

Todo o problema do mundo é que os tolos e os fanáticos estão cheios de certezas, e as pessoas mais sábias estão cheias de dúvidas.

– Bertrand Russell

Todos temos algumas questões que nos afetam em especial ou que nos deixam "à beira de um ataque de nervos". Tanto podem ser determinadas atitudes ou comportamentos de pessoas quanto assuntos políticos e mesmo questões como o aborto, casamento de homossexuais, discriminação racial, censura da imprensa, e por aí afora.

Quando uma pessoa investida de autoridade emite uma opinião muito radical sobre algo, muitas vezes nos sentimos agredidos e até indignados. Mesmo um jogo de futebol pode deixar os torcedores à beira de um ataque de nervos. Muitas coisas têm o poder de provocar uma explosão em nós.

Como acontece com todas as pessoas, existem algumas coisas que me tiram do sério. Comportamentos envolvendo o uso de celulares estão quase no topo da lista, mas não se comparam com o que vem em primeiro lugar. O que me deixa à beira de um ataque de nervos são os fundamentalistas cristãos fanáticos e as pessoas de extrema direita que julgam e condenam aqueles que têm credos e pontos de vista diferentes. A mensagem que eles transmitem é: "Somente a minha interpretação do que está escrito na Bíblia é correta. Se você não acredita exatamente no que eu acredito, não poderá ser salvo. Eu estou salvo, mas você, não." Além dos grupos religiosos, seus alvos básicos são os agnósticos, os homossexuais, os defensores do controle da natalidade, as organizações de defesa dos direitos civis e os liberais em geral. A dose de raiva, ódio, julgamento e condenação que demonstram é realmente assustadora. Na minha opinião eles prejudicam profundamente a causa do cristianismo, porque é difícil encontrar o amor de Deus em suas mensagens e em sua conduta. Tenho a impressão de que eles ignoram certas passagens importantes da Bíblia, como esta:

> *Cada um de nós prestará contas a Deus de si próprio.*
> *Deixemos portanto de nos julgar uns aos outros.*
>
> – Romanos 14:12-13

Enquanto estava redigindo este capítulo, tive uma conversa com um querido amigo. Quando lhe contei que estava escrevendo um livro sobre o desafio de aplicar os ensinamentos da Bíblia ao dia-a-dia, ele reagiu com veemência. "Eu viraria cristão se visse mais deles praticando o que pregam." Trata-se de um homem brilhante, adorável e ético que alega ter sido "afastado do cristianismo por fanáticos bitolados e intolerantes". Ele acrescentou: "Adoro Cristo e seus ensinamentos, mas *odeio* o cristianismo." Aquilo me lembrou algo que Mahatma Gandhi disse certa vez: "Gosto do seu Cristo. Não gosto dos seus cristãos. Seus cristãos são muito diferentes do seu Cristo."

> *O ideal cristão não foi testado e considerado insatisfatório;*
> *foi considerado difícil e não foi testado.*
>
> – G. K. Chesterton

Aprender a não julgar

Na tradição judaica, o dia mais sagrado do ano é o Yom Kipur, o Dia do Perdão. Também é chamado de Yom Hadin, o Dia do Julgamento. Os judeus dedicam esse grande dia sagrado à reflexão e à introspecção. Refletem sobre os pecados do ano que passou e as pessoas contra as quais pecaram. Parte do dia é gasta refletindo sobre como podem ter julgado erradamente os outros. Em muitos aspectos, trata-se de um dia de purificação – de se libertarem dos pecados, aprenderem com eles e superá-los.

Certa vez ouvi um pastor sugerir que a prática dos judeus de arrependimento e expiação deveria ser seguida por pessoas de todas as religiões, todos os dias. Ele sugeriu que ao final de cada dia fizéssemos a nós mesmos algumas perguntas simples. De que maneiras agi em desacordo com o que pregam as Sagradas Escrituras? Quem prejudiquei com minhas palavras ou meus atos? Quem julguei impulsivamente? Como posso melhorar amanhã? Se praticarmos todos os dias uma técnica simples como essa, conseguiremos limitar a freqüência com que julgamos erradamente os outros.

Outra grande lição que podemos receber dos ensinamentos judaicos é encarar as pessoas de uma perspectiva diferente. Os rabinos ensinam que devemos julgar cada pessoa *l'kaf zehut*, o que significa "o positivo superar o negativo". Na tradição rabínica, este é um aspecto importante da sabedoria. Em vez de nos deter na aparência externa, esta prática nos estimula a descobrir os aspectos mais essenciais e profundos. Assim, aprendemos com os outros, em vez de julgá-los.

> *Quem é a pessoa sábia? É aquela com capacidade de aprender algo de cada pessoa. Uma pessoa sábia é capaz de realmente ouvir e reconhecer que cada indivíduo pode dar uma contribuição valiosa à nossa vida, à nossa comunidade.*
>
> – Rabino Jeffrey Summit

> *Não se trata daquilo que vêem os homens, pois eles vêem apenas com os olhos, mas Javé olha o coração.*
>
> – I Samuel 16:7

> *Lembre-se de que sou Humano. Antes de me julgar ou decidir como lidar comigo, ponha-se um pouco no meu lugar. Desse modo, acho que você compreenderá melhor que podemos nos encontrar no meio do caminho e percorrer o resto juntos.*
>
> – Eric Harvey e Steve Ventura

As pessoas são ilógicas, irracionais e egocêntricas. Ame-as assim mesmo.

– Kent M. Keith

Se você julgar as pessoas não terá tempo para amá-las.

– Madre Teresa de Calcutá

Quinto mandamento

Não deixe a raiva controlar você

Ela pode destruir relacionamentos e arruinar vidas

Provérbios do Antigo Testamento

O insensato expande suas paixões todas, mas o sábio as reprime e acalma.

– Provérbios 29:11

O homem violento se expõe ao castigo.

– Provérbios 19:19

Novo Testamento

Mas agora abandonai tudo isto: ira, exaltação, maldade, blasfêmia, malícia.

Colossenses 3:8

Toda a amargura, e exaltação, e cólera, e toda palavra pesada e injuriosa, assim como toda a malícia, sejam afastadas de entre vós.

Efésios 4:31

Quinto mandamento

Não deixe a raiva controlar você. Ela pode destruir relacionamentos e arruinar vidas

Qualquer um pode se zangar. Isso é fácil. Mas zangar-se com a pessoa certa, no grau certo, na hora certa, com o objetivo certo e da maneira certa – isso não é fácil.

– Aristóteles

O que as Escrituras dizem sobre a raiva

As Sagradas Escrituras não dizem que nunca devemos nos zangar. Não houve ninguém nos tempos bíblicos e não existe ninguém na atualidade que não tenha sentido vez ou outra uma raiva justificável. É uma emoção natural. Em alguns casos, expressá-la pode ter um resultado positivo. Coisas como crimes, injustiça, discriminação, mesquinharia, rudeza, traição e mentira provocam raiva. E ela pode nos motivar a corrigir algo que não está certo. Não há nada de errado com esse tipo de sentimento, e ele não é condenado pela Bíblia. As Sagradas Escrituras não pedem apenas que controlemos a raiva. Nos Provérbios, Salomão diversas vezes se refere a ela e aos problemas que pode causar. Ele nos sugere uma solução: recomenda contenção, paciência, autocontrole, sabedoria e prudência.

O estulto manifesta logo a sua raiva, mas o homem sagaz dissimula a ofensa.

– 12:16

O sábio é cauteloso e afasta-se, o tolo é insolente e age com insensatez.

– 14:16

O homem colérico comete idiotices,
o homem mal-intencionado é odioso.

– 14:17

O homem colérico atiça a querela,
o homem paciente acalma a rixa.

– 15:18

É honra para o homem evitar processo,
mas o estulto se enreda em disputas.

– 20:3

Cidade aberta, sem muralhas;
tal é o homem sem controle.

– 25:28

O tolo derrama toda a sua ira;
mas o sábio a reprime e aplaca.

– 29:11

O homem irado provoca a disputa,
e o enfurecido multiplica as transgressões.

– 29:22

A mensagem do Novo Testamento é essencialmente a mesma. Recomenda que sejamos pacientes, gentis e amáveis para evitar as conseqüências da raiva descontrolada:

Ora, as obras da carne são manifestas: [...] as inimizades, as contendas, os ciúmes, as iras.

– Gálatas 5:19-20

Irai-vos e não pequeis; não se ponha o sol sobre a vossa ira; nem deis lugar ao Diabo.

– Efésios 4:26-27

Mas agora despojai-vos também de tudo isto: da ira, da cólera, da malícia [...].

– Colossenses 3:8

Isso podeis saber com certeza, meus amados irmãos. Que cada um esteja pronto para ouvir, mas seja lento para falar e lento para encolerizar-se, pois a cólera do homem não é capaz de cumprir a justiça de Deus.

– Tiago 1:19-20

As várias formas da raiva

Raiva no dicionário é definida como "acesso de fúria; arrebatamento violento; cólera, ira". Vejamos o que o dicionário diz sobre esses termos:

- **Fúria:** "Exaltação de ânimo; delírio que se manifesta por ações violentas."
- **Arrebatamento:** "Furor incontrolável; exaltação, ira."
- **Cólera:** "Sentimento de violenta oposição contra o que revolta, escandaliza, molesta ou prejudica; intensa raiva facilmente provocável."
- **Ira:** "Intenso sentimento de ódio e de rancor, dirigido a uma ou mais pessoas em razão de alguma ofensa, insulto, etc., ou rancor generalizado em função de alguma situação injuriante."

Aplicação da raiva de forma positiva

Não há nada de errado com a raiva, desde que você a use construtivamente.

– Wayne Dyer

A raiva é uma emoção absolutamente normal. Todos nós a sentimos e já fomos vítimas dela. E nem sempre ela é ruim. Quando mantida sob controle, pode muitas vezes ser uma emoção saudável. Mas, obviamente, é capaz de levar a problemas sérios quando descontrolada.

O médico Charles Spielberger é um psicólogo especializado no estudo da raiva. Ele a define como "um estado emocional que varia em intensidade da irritação moderada à fúria intensa". Como todas as outras emoções, a raiva é acompanhada de sintomas físicos. Os batimentos cardíacos e a pressão arterial aumentam. A raiva desencadeia a liberação de adrenalina e de certos hormônios.

Por que algumas pessoas sentem mais raiva do que outras? A resposta é complicada, mas tem a ver com os genes que herdamos e o ambiente em que crescemos. Certas pessoas são realmente mais sujeitas à raiva do que outras. Elas se enfurecem mais rápido e com muito mais intensidade. Existem indivíduos que, em vez de expressar a raiva, ficam nervosos e irritados. Um terceiro grupo simplesmente se retrai e fecha a cara.

Minha própria luta contra a raiva

Dos Sete Pecados Capitais, a raiva é possivelmente o mais divertido. Lamber suas feridas, estalar os lábios devido a ressentimentos de um passado remoto, deleitar-se com a perspectiva de confrontos futuros, saborear até à última gota a dor que lhe infligem e a dor que você devolve – em vários aspectos trata-se de um festim digno de um rei. A principal desvantagem é que nele você consome a si próprio. O esqueleto ao final do banquete é o seu.

– Frederick Buechner

Se na década de 1970 existisse algo como "tratamento de controle da raiva", eu seria um ótimo candidato a ele, pois tinha muita dificuldade em controlar minha ira. Aparentemente ela era desencadeada pela dor e frustração causadas pelo meu divórcio, mas a psicoterapia mostrou que havia uma raiz muito profunda, ligada à experiência com meu pai, uma pessoa totalmente negativa e raivosa. Como disse meu terapeuta: "Você traz a raiva nos genes e cresceu num ambiente raivoso." Durante 10 anos eu pude ser classificado como uma pessoa de "cabeça quente".

É difícil escrever sobre isso, porque traz de volta muitas lembranças dolorosas do tempo em que magoei os outros, inclusive meus filhos, e prejudiquei minha própria vida. Eu não agredia fisicamente ninguém, mas berrava muito, tal como meu pai. É um período da minha vida que gostaria de esquecer. Mas quero compartilhá-lo aqui, na esperança de que possa ajudar alguns de meus leitores, sobretudo os que lutam com problemas de raiva.

Recebo muitas cartas de pessoas que estão cumprindo pena em prisões. A maioria tem a mesma história dolorosa para contar: cresceram em lares tumultuados, em que pai, mãe ou ambos eram coléricos e agressivos. Lá começaram a dor e a frustração, e foi a incapacidade de controlar a raiva herdada que acabou levando a atos criminosos, condenações e prisões.

Tive mais sorte. Meu histórico familiar não foi tão duro quanto o dessas pessoas. Meu pai possuía também qualidades admiráveis, e minha mãe é a pessoa mais afável e carinhosa que já conheci. Foi ao estudar psicologia que busquei orientação psicológica quando minha vida pareceu sair dos eixos. Foi uma decisão importante e correta.

Meu psicoterapeuta disse algo que mudou tudo: "Quando você entender plenamente que sua raiva é um comportamento ao mesmo tempo egocêntrico e autodestrutivo, vai querer fazer de tudo para colocar um freio nela." Fiquei aturdido. Eu sabia que a raiva descontrolada leva a condutas autodestrutivas porque já havia pago o preço por algumas de minhas explosões. Mas o que a frustração e a raiva tinham a ver com o egoísmo? Eu logo descobriria que têm tudo a ver. Não me lembro exatamente o que lhe disse, mas me recordo da conclusão do terapeuta: "Você se dá conta de que fica com raiva cada vez que as coisas não acontecem exatamente como você quer?"

Concordei com sua afirmação, o que me fez olhar a raiz do problema, e não apenas os sintomas. Ele explicou que as pessoas que se enraivecem facilmente possuem o que os psicólogos denominam uma "baixa tolerância a frustrações". Elas não toleram os aborrecimentos e inconveniências do dia-a-dia e os erros dos outros. São dominadas pela sensação de que não fizeram nada para merecê-los. Reconheci minha raiva – eu ficava louco quando o mundo não me dava o que eu queria e esperava. Aquilo era egocentrismo. Pela primeira vez na vida comecei a enxergar o problema e a lidar com ele de maneira diferente.

Meu terapeuta prosseguiu na investigação. Ele perguntou se eu me enraivecia com meus alunos de nível médio. Quando respondi que era capaz de me controlar, ele quis saber a razão de eu não externar meu mau humor em sala de aula.

A resposta parecia óbvia para mim: "Porque meu trabalho exige que eu lide com adolescentes. É assim que eles são. Eu não seria um bom professor se não soubesse lidar com eles." Ele sorriu: "Pense no que você acabou de dizer e aplique isso à sua vida fora da sala de aula. As outras pessoas estão apenas sendo humanas – é assim que elas são. Se você consegue ser paciente e compreensivo com os adolescentes, pode ser paciente e compreensivo com qualquer um." Dois grandes progressos num só dia!

> *Não se aborreça se não conseguir tornar os outros o que você gostaria que fossem, já que você não consegue tornar a si próprio o que gostaria de ser.*
>
> – Thomas A. Kempis

Não muito depois daquela sessão com meu terapeuta recebi outra valiosa ajuda para lidar com minha raiva. Dez anos de egocentrismo e vida superficial tinham deixado em mim uma sensação de solidão e vazio. Um amigo perguntou se eu nunca havia pensado em permitir que Deus retornasse à minha vida e me recomendou uma igreja, aonde fui no domingo seguinte. Foi uma experiência muito emocional e profundamente espiritual. Confesso com sinceridade: senti o chamado de Deus. Foi o início de um precioso retorno à minha religião.

Um dos benefícios inesperados daquela decisão foi a calma que me invadiu. Ela me surpreendeu - não conseguia lembrar-me de um período de minha vida em que me sentisse tão tranqüilo. Ao ler as Sagradas Escrituras, entendi melhor a sensação. O rei Davi escreveu a respeito em seus Salmos, e seu filho, o rei Salomão, abordou-a em seus Provérbios:

> *Aparta-te do mal e faze o bem: busca a paz e segue-a.*
>
> – Salmos 34:14

> *Nota o homem íntegro e considera o reto, porque há para o homem de paz um porvir feliz.*
>
> – Salmos 37:37

> *O homem paciente é cheio de entendimento, o impulsivo exalta a idiotice. Um coração pacífico é vida para o corpo, mas a inveja é cárie nos ossos.*
>
> – Provérbios 14:29-30

No Novo Testamento aprendemos que a paz de Deus "excede todo entendimento" (Filipenses 4:7), e existem várias outras passagens exortando-nos a viver em paz:

> *Felizes os que promovem a paz, porque serão chamados filhos de Deus.*
>
> – Mateus 5:9

> *Procurando, se possível, viver em paz com todos, por quanto de vós depender.*
>
> – Romanos 12:18

Mas o fruto do Espírito é amor, alegria, paz, longanimidade, benignidade, bondade, fidelidade, mansidão, autodomínio.

– Gálatas 5:22

Vivei em paz uns com os outros.

– I Tessalonicenses 5:13

Há um versículo bíblico que me atingiu profundamente. Penso nele todos os dias. Recito-o sempre que me vejo tentado a perder a paciência e dizer ou fazer algo rude, o que ainda ocorre com freqüência. A luta continua sendo diária, de modo que repetir essa frase curta e simples tem me proporcionado muito bem-estar, paz e força. E me ajuda a evitar problemas:

Está decidido: tu manterás a paz, pois a paz foi confiada a ti.

– Isaías 26:3

O custo da raiva descontrolada

Quando surge a raiva, pensa nas conseqüências.

– Confúcio

Os autores das Sagradas Escrituras e os psicólogos atuais concordam a respeito de todos os perigos que cercam a raiva. Eles não nos mandam evitá-la, mas recomendam que aprendamos a controlá-la, entre outras razões, pelos riscos que corremos quando permitimos que nossa raiva se transforme em fúria. Dou ênfase a *permitimos* porque sempre há uma escolha. Se seguíssemos o conselho de Confúcio, preveniríamos uma série de danos – aos outros e a nós mesmos.

Ao escrever este capítulo, comecei a pensar em todas as coisas horríveis que podem resultar da perda de controle sobre a raiva. Pedi então a ajuda de alguns amigos maravilhosos.

A AÇÃO DESTRUTIVA DA RAIVA

As conseqüências da raiva são muito mais dolorosas do que suas causas.

– MARCO AURÉLIO

Eis a lista das possíveis conseqüências da raiva incontida que meus amigos mandaram:

1. **O fim de uma vida:** A maioria dos homicídios são "crimes passionais". A raiva descontrolada também pode levar ao suicídio.
2. **Espancamento de crianças e esposas:** A raiva muitas vezes leva à agressão física.
3. **Estupro:** Considerado um crime que resulta da raiva, do exercício de poder e da violência.
4. **Ferimento:** A raiva pode causar brigas e, tentando descarregá-la, a pessoa pode bater em um objeto.
5. **Destruição de propriedade:** Costuma ser um meio de vingança ou um ato de agressão.
6. **Ameaças:** Uma pessoa com raiva pode se tornar uma ameaça, pondo em risco a vida de outra.
7. **Linguagem obscena:** A raiva costuma levar a xingamentos e palavras ofensivas.
8. **Crueldade verbal:** Palavras provocadas pela raiva podem muitas vezes magoar mais do que um soco, e seus efeitos perduram mais.
9. **Famílias problemáticas:** Crianças que crescem num ambiente raivoso costumam desenvolver problemas sociais e emocionais graves.
10. **Divórcio:** A raiva descontrolada é uma causa preponderante da alta taxa de divórcios.
11. **Perda de amizades:** Amigos acabam se afastando por conta da atmosfera desagradável criada por surtos freqüentes de raiva.

12. **Prejuízos à carreira:** Pessoas ficam desmotivadas, são rebaixadas e até despedidas devido a problemas de descontrole no trabalho.
13. **Danos à reputação:** A raiva constante pode prejudicar uma pessoa profissional e socialmente.
14. **Perigo nas estradas:** A raiva pode levar a acidentes, danos, ferimentos e processos judiciais.
15. **Distúrbios físicos:** Hipertensão, problemas cardíacos, insônia, derrames e redução do fluxo sanguíneo no cérebro são apenas alguns deles.
16. **Perturbações psicológicas:** Depressão, culpa, infelicidade e solidão podem resultar da raiva descontrolada.
17. **Intimidação:** Pessoas raivosas costumam provocar as outras em casa, na escola e no trabalho.
18. **Problemas legais:** A raiva em excesso muitas vezes leva a atos criminosos, a condenações e à prisão.
19. **Perdas financeiras:** A raiva descontrolada pode causar prejuízos no trabalho e levar a indenizações por danos causados.
20. **Vingança:** O desejo de vingança apenas alimenta a raiva e prolonga seus efeitos negativos; a necessidade de ajustar contas muitas vezes leva a mais raiva e a problemas maiores.
21. **Ressentimento:** A raiva leva a ressentimentos que impedem a pessoa de progredir e crescer.
22. **Pensamento irracional:** Quanto mais nos enfurecemos, mais difícil se torna raciocinar e pensar com clareza.
23. **Bloqueio na resolução de problemas:** A raiva atrapalha seu raciocínio; é impossível buscar soluções criativas e eficazes em estado de grande agitação.
24. **Dificuldade de reconciliação:** Uma pessoa que permanece com raiva não consegue perdoar os amigos e entes queridos, nem se reconciliar com eles.
25. **Falta de alegria:** Uma pessoa com raiva não consegue se divertir, estar feliz, ter paz interior ou curtir a vida.

A raiva apaga a lâmpada da mente.

– Robert Green Ingersoll

Fale quando estiver com raiva – e você fará o discurso do qual mais se arrependerá.

– Dr. Lawrence J. Peter

Tudo que começa com a raiva termina em vergonha.

– Benjamin Franklin

Insistir na raiva é como segurar um carvão quente com o intento de atirá-lo em alguém. Você é quem acaba se queimando.

– Buda

A raiva, se não for contida, acaba sendo mais prejudicial para nós do que a ofensa que a provoca.

– Sêneca

Dor, punição e crescimento

O insensato expande as suas paixões todas, mas o sábio as reprime e acalma.

– Provérbios 29:11

Recebi recentemente um longo e comovente e-mail de um homem me agradecendo porque ouviu uma entrevista minha em que eu falava dos erros que cometi, do que aprendi com eles e de como usei minhas experiências para ensinar aos outros. Ele estava passando por uma crise difícil e dolorosa, causada por sua raiva. A mulher pedira o divórcio porque não agüentava mais seus gritos e explosões irracionais. Ela insistira várias vezes em que o marido procurasse uma terapia, mas ele se recusava. Finalmente aprendeu a lição.

Ele escreveu: "Levei muito tempo para entender o quanto maltratei emocionalmente minha mulher. Passei a última semana repreendendo a mim mesmo sem dó nem piedade." Disse que uma frase de um de meus livros teve grande impacto sobre ele, ajudando-o no processo de cura: "Todo dia acordamos com a oportunidade de nos tornarmos uma pessoa melhor do que fomos ontem."

Ele termina a mensagem afirmando que vai procurar a ajuda de um terapeuta. "Acabarei vendo esta época sombria de minha vida como uma oportunidade de me renovar e começar o processo de cura." Sua história é um bom exemplo de como a raiva descontrolada magoa os outros e destrói relacionamentos. Mostra também que sempre pagamos um preço quando não aprendemos a controlar a nossa raiva. Como disse Salomão há milhares de anos: "O homem violento se expõe ao castigo" (Provérbios 19:19).

Existe esperança na história desse homem. A dor pode ser um grande mestre. Além disso, nossos erros e nosso sofrimento oferecem grandes oportunidades de aprendizagem e crescimento. A raiva foi exaustivamente pesquisada nos últimos anos, e sabemos que há várias maneiras de controlá-la. O primeiro passo é admitir que existe um problema. O segundo é comprometer-se a reagir.

> *Se você for paciente num momento de raiva, escapará de 100 dias de aflição.*
>
> – Provérbio chinês

Ajuda para os estourados

Como existem diferentes tipos de personalidade, de raiva e de graus do problema, seguem-se 10 estratégias que se mostraram úteis a várias pessoas que conheço. Para algumas, basta apenas uma dessas ferramentas. Outras poderão combinar duas ou mais.

1. **Conte até 10... devagar.** Esta é de longe a estratégia mais antiga, mas podem ter certeza de que funciona.

O maior remédio para a raiva é adiar.

– SÊNECA

Quanto sentir raiva, conte até 10 antes de falar; se a raiva for grande, até 100.

– THOMAS JEFFERSON

2. **Procure aconselhamento psicológico.** Este deveria ser o primeiro passo das pessoas que sofrem de problemas graves de raiva. Orientadores psicológicos, sobretudo aqueles especializados no controle da raiva, podem ajudar muito a aliviar a dor.

3. **Encontre uma válvula de escape.** Muitos psicólogos aconselham as pessoas com raiva reprimida a encontrarem meios de liberá-la de forma não destrutiva. Exercícios físicos costumam ajudar. Mesmo uma volta pelo quarteirão para esfriar a cabeça pode fazer milagres.

4. **Medite.** É bem menos complicado do que você imagina. Existem vários tipos de meditação, a maioria bem simples. Entre os benefícios físicos e psicológicos estão a diminuição do ritmo dos batimentos cardíacos, maior sensação de relaxamento, menor tensão muscular e redução da ansiedade. A ioga alonga os músculos e relaxa a mente.

5. **Leia.** Existem vários livros bons sobre a raiva, suas conseqüências e como lidar com o problema.

6. **Avalie seus progressos com alguém.** Quando uma pessoa está tentando superar um hábito destrutivo, é sempre bom encontrar-se ao menos uma vez por semana com um grupo ou com alguém que possa ajudar na avaliação dos passos dados e das dificuldades.

7. **Reze.** Para os crentes, trata-se de uma fonte poderosa de força e apoio. Tenho um amigo que diz a seguinte oração de três palavras quando pressente a chegada da raiva: "Vem, Espírito Santo." Ele afirma que sempre funciona.

> *E tudo o que pedirdes com fé, na oração, vós o recebereis.*
>
> – MATEUS 21:22

8. **Repita uma citação ou um versículo da Bíblia.** Muitas pessoas sabem uma ou mais citações que repetem para si mesmas diante de um problema. Este livro está cheio de citações e de versículos da Bíblia que podem ajudar.

9. **Aprenda a ser paciente.** Para a maioria das pessoas, a paciência não surge naturalmente. Mas, com empenho e esforço, *pode* ser aprendida. Um excelente livro sobre o tema é *O poder da paciência*, de M. J. Ryan (Editora Sextante).

10. **Aprenda a perdoar.** Saber perdoar é essencial para livrar-se do ressentimento que envenena a mente e o espírito. Tal como a paciência, o perdão pode ser aprendido.

> *Persistir na raiva, no ressentimento e na mágoa resulta em músculos tensos, dor de cabeça e maxilar dolorido de tanto trincar os dentes. O perdão traz de volta o riso e a leveza à sua vida.*
>
> – JOAN LUNDEN

Como Salomão foi um mestre do bom senso e da sabedoria, não surpreende que tivesse tanto a dizer sobre o controle da raiva. Quanta dor e sofrimento são causados por pessoas que deixam a raiva correr solta e nunca aprendem como assumir o controle de suas emoções. É uma pena que as escolas não se preocupem em ensinar o autocontrole e o exercício da paciência.

> *A base do caráter é a autodisciplina; a vida virtuosa, como os filósofos desde Aristóteles têm observado, se baseia no autocontrole.*
>
> – Daniel Goleman

> *Por isso mesmo, aplicai toda a diligência em juntar à vossa fé a virtude, à virtude o conhecimento, ao conhecimento o autodomínio, ao autodomínio a perseverança.*
>
> – II Pedro 1:5-6

Parte II

Cinco coisas que as Sagradas Escrituras nos recomendam

Por serem boas para nós

Se queremos viver bem, é importante aprender a fazer coisas que produzem os melhores resultados. Isso leva muito tempo. Quando crianças, nos ensinam a compartilhar, a respeitar os outros, a sermos prestativos e educados, dizendo "por favor" e "obrigado". Quando crescemos, nos dizem que devemos proceder corretamente, trabalhar com afinco, ser justos e honestos, ajudar os que necessitam. Somos também estimulados a amar os outros. Aprendemos que nossas vidas serão melhores se fizermos essas coisas. Seremos mais felizes, teremos mais amigos, e faremos do mundo um lugar melhor.

A Bíblia foi escrita há milhares de anos. Essencialmente ela nos ensina que colhemos o que semeamos. Como vimos na primeira parte, somos orientados a *não* fazer várias coisas porque colheremos conseqüências negativas – tanto para os outros quanto para nós. Mas a Bíblia também nos dá conselhos maravilhosos sobre coisas que *deveríamos* fazer para colher benefícios. Ao fazer essas coisas, enriquecemos nossa vida e a dos outros. Esta parte do livro contém cinco princípios básicos que ajudarão a dar sentido e alegria à nossa vida.

Prólogo

A raiz de todas as nossas virtudes

No prólogo da primeira parte deste livro, afirmei que o orgulho é a raiz de todas as nossas falhas. Dele resultam as piores coisas em nossa vida. É a falha básica com a qual todos nós viemos ao mundo. Mas também nascemos com uma série de outras características que nos trazem esperança. Primeiro, nascemos "à imagem de Deus", o que significa que somos capazes de produzir o bem. Segundo, nascemos com livre-arbítrio, o que nos dá a capacidade de optar entre os elementos positivos e negativos de nossa natureza.

Se o orgulho está no âmago de nossa fraqueza e perversão, a humildade está no de nossas forças e virtudes.

> *A humildade leva à força, e não à fraqueza. A forma mais elevada de respeito próprio é admitir os erros e corrigi-los.*
>
> – John Jay McCloy

> *Humildade, essa pequena e doce raiz*
> *Que é a matriz de todas as virtudes celestes.*
>
> – Thomas Moore

A virtude pode ser definida como "uma qualidade moral particular, uma disposição habitual e firme para fazer o bem". Mas gosto muito da definição de Janie, uma menina de 6 anos:

"Virtude são as coisas boas que temos." Existem centenas de virtudes, ou traços de caráter positivos, e podemos discutir pelo resto da vida quais as mais importantes. A verdade é que todas são, e nascemos com a capacidade de possuir e praticar todas elas.

Dez virtudes que todos podemos praticar

Empatia	Paciência	Perdão	Cuidado	Compaixão
Generosidade	Honestidade	Gratidão	Amor	Bondade

Creio poder afirmar que essas são consideradas as maiores virtudes. As Sagradas Escrituras ensinam que a humildade é a base de todas. No Antigo Testamento, tanto Davi como Salomão nos aconselham e encorajam a desenvolver a humildade, assim como Jesus, Paulo e Tiago no Novo Testamento. Todos esses grandes mestres destacam as recompensas da humildade, sendo que a principal é a sabedoria.

> *Guia os mansos no que é reto e lhes ensina o teu caminho.*
>
> – Salmos 25:9

> *Onde entra a insolência, entra o desprezo, mas com os humildes está a sabedoria.*
>
> – Provérbios 11:2

> *Pois todo aquele que se exalta será humilhado, e quem se humilha será exaltado.*
>
> – Lucas 14:11

> *Exorto-vos, pois, eu, o prisioneiro no Senhor, a andardes de modo digno da vocação a que fostes chamados: com toda a humildade e mansidão, com longanimidade, suportando-vos uns aos outros com amor.*
>
> – Efésios 4:1-2

Quem dentre vós é sábio e entendido? Mostre pelo bom comportamento as suas obras repassadas de docilidade e sabedoria.

– TIAGO 3:13

O grande filósofo e teólogo Santo Agostinho afirma que nenhuma das outras virtudes é possível sem a humildade. Ele disse: "Na alma em que ela não existe não pode haver nenhuma outra virtude, exceto na mera aparência." É a virtude mais difícil de alcançar. Contudo, ela promete a maior das recompensas: as outras virtudes.

Sexto mandamento

MANTENHA UMA PERSPECTIVA POSITIVA EM RELAÇÃO À VIDA

ESSE É O PRIMEIRO PASSO PARA A ALEGRIA

PROVÉRBIO DO ANTIGO TESTAMENTO

O homem misericordioso faz bem a si mesmo.

– PROVÉRBIOS 11:17

NOVO TESTAMENTO

Finalmente, irmãos, ocupai-vos com tudo o que é verdadeiro, nobre, justo, puro, amável, honroso, virtuoso ou que de qualquer modo mereça louvor.

FILIPENSES 4:8

Sexto mandamento

Mantenha uma perspectiva positiva em relação à vida. Esse é o primeiro passo para a alegria

O coração contente tem perpétuo banquete.

– Provérbios 15:15

O que as Sagradas Escrituras dizem sobre a atitude

Nas Sagradas Escrituras, do Gênesis, no início do Antigo Testamento, ao Apocalipse, no final do Novo Testamento, existem literalmente centenas de referências a quase todo tipo de atitude, boas e más, que os seres humanos já adotaram. Somos aconselhados a nos esforçar para eliminar as atitudes que envenenam a alma e criam problemas, e estimulados a desenvolver aquelas que renovam e fortalecem a alma, levando a uma vida de alegria. No Antigo Testamento, Salomão diz que quem busca o bem certamente o achará (Provérbios 11:27), e no Novo Testamento Paulo nos exorta a seguir como exemplo a atitude de Jesus (Filipenses 2:5).

Verdadeiro, bom e correto

Finalmente, irmãos, ocupai-vos com tudo o que é verdadeiro, nobre, justo, puro, amável, honroso, virtuoso ou que de qualquer modo mereça louvor.

– Filipenses 4:8

A Bíblia se refere mais a atitudes positivas do que a negativas, sempre enfatizando as conseqüências. Uma atitude positiva é o ponto de partida para uma pessoa *ser* boa e *fazer* o bem. É o motor que nos move na direção certa. Embora as Sagradas Escrituras mencionem inúmeras atitudes positivas, as seguintes são as mais capazes de nos proporcionar os melhores resultados.

Humilde	Feliz	Pacífica	Encorajadora
Compassiva	Bondosa	Esperançosa	Confiante
Alegre	Gentil	Compreensiva	Calma
Paciente	Grata	Diligente	Generosa
Carinhosa	Honesta	Fiel	Doce

Ser alegre é a atitude número um

A alegria, e não a felicidade, é o objetivo da vida, pois a alegria é a emoção que acompanha a realização de nossas naturezas como seres humanos.

– Rollo May

Para ser bem-sucedido e feliz, você precisa de uma atitude positiva, uma atitude de alegria.

– Keith Harrell

Os autores da Bíblia concordariam plenamente com o psicólogo Rollo May e o palestrante motivacional Keith Harrell. A palavra "alegria" aparece pelo menos 155 vezes no Antigo Testamento e 63 vezes no Novo. A palavra "alegrar" aparece 32 vezes no Antigo Testamento e 18 vezes no Novo. Poucas palavras aparecem tantas vezes nas Sagradas Escrituras. Só posso concluir que Deus deseja que sejamos felizes, positivos, animados e amorosos. Em outras palavras – alegres.

Ainda que alegria e felicidade estejam relacionadas, não são a mesma coisa. Para a maioria de nós, a felicidade é determinada por circunstâncias fortuitas. Somos felizes quando as coisas vão bem, quando conseguimos o que queremos, quando estamos nos divertindo, quando vencemos uma competição, quando temos sorte. É o resultado de algo bom que acontece independentemente do nosso controle. Devemos usufruir cada momento de felicidade, sabendo que ela é fugaz e que ninguém pode estar feliz o tempo todo.

A alegria é um sentimento e uma atitude bem mais profundos. Vem de dentro, não das circunstâncias. É uma sensação de grande satisfação com a vida, que leva à gratidão. As pessoas alegres vêem o que está certo no mundo e nos outros, e não o que está errado. Elas reconhecem principalmente todas as coisas boas que as cercam.

Das inúmeras grandes lições que recebi de minha mãe, a importância da gratidão foi a mais valiosa. Trata-se de uma atitude e de um hábito. Quando mais jovem, eu costumava me queixar, como fazem todas as crianças, daquilo que não tinha. Nesses momentos minha mãe me lembrava, com a maior delicadeza, de todas as coisas boas que eu possuía. Falava-me de crianças muito pobres desprovidas do essencial. Ela me fazia agradecer pela água quente do banho, por um dia de sol que me permitia brincar no jardim, chamava minha atenção para o presente que eram as flores e para os privilégios que eu usufruía. Sua maneira meiga de despertar gratidão deixou em mim uma impressão profunda e duradoura. Ela comentava sempre que "as pessoas mais felizes do mundo não são as que *têm* coisas, mas as que são gratas por aquilo que *têm*". Foi outro ensinamento precioso. Talvez por isso a palavra "agradecer" e suas variações apareçam na Bíblia 29 vezes. Não podemos ser alegres sem sermos gratos.

> *O importante não é quanto temos, mas o quanto desfrutamos.*
>
> – Charles Spurgeon

Em tudo dai graças.

– Tessalonicenses 5:18

Outro aspecto importante da alegria é que ela acompanha a sabedoria. As pessoas sábias olham a vida de forma diferente das pessoas comuns. Elas encontram mais motivos para serem gratas do que para protestar. Em vez de reclamar sobre como as coisas deveriam ser, elas aceitam a vida como ela é, procurando aproveitá-la ao máximo em todas as circunstâncias. Encontram alegria em pequenos detalhes e em grandes realizações. Elas celebram a vida. Independentemente de suas crenças espirituais, as pessoas sábias concordam com o rei Davi:

Este é o dia que o Senhor fez; exultemos e alegremo-nos nele.

– Salmos 118:24

O homem é aquilo que ele pensa

Um dos fatores mais importantes para olharmos a vida de forma positiva é nosso processo de pensamento, ou nossa "conversa interior". No início do século XX, um escritor e filósofo relativamente desconhecido escreveu sobre o poder avassalador da atitude mental. Seu nome era James Allen, e seu livrinho tornou-se um clássico. Chama-se *O homem é aquilo que ele pensa*. Allen nasceu em 1864 e morreu subitamente, aos 48 anos, em 1912. Essa pequena obra influenciou milhões de pessoas, inclusive muitos dos grandes pensadores dos tempos modernos. O título vem de um versículo do livro dos Provérbios: "Porque como ele pensa consigo mesmo assim ele é."

Allen usou esse versículo simples para nos ensinar o poder do pensamento, a importância da atitude. Nossa visão da vida é determinada pelo que acontece dentro de nossas cabeças. Como diz Allen, a mente é o "mestre tecelão". Ela molda dois aspectos importantíssimos da vida: nosso caráter e nossas circunstâncias. A mente funciona como um centro de controle, apontando o caminho e escolhendo uma rota. Os pensamentos que ocupam nossas mentes acabam moldando o nosso caráter – o tipo de pessoa que vamos nos tornando. Eles também exercem sobre nossas circunstâncias uma influência muito maior do que costumamos perceber. A mente tem o poder de atrair aquilo em que pensa.

Allen escreve que nos tornamos uma pessoa íntegra e de caráter sólido como resultado do "esforço constante para pensar corretamente". Por outro lado, uma pessoa desenvolve um caráter deficiente como resultado do "cultivo constante de pensamentos torpes".

> *Coração alegre, corpo contente; espírito abatido, ossos secos.*
>
> – Provérbios 17:22

> *O homem bom do bom tesouro do coração tira o bem, mas o homem mau do seu mal tira o que é mau, porque a boca fala daquilo de que está cheio o coração.*
>
> – Lucas 6:45

Vivemos numa sociedade onde as pessoas reclamam continuamente que são vítimas das circunstâncias – de genes ruins à má sorte, de uma infância infeliz a um mercado de trabalho em queda. Para quem se vê como vítima, os que estão se dando bem são "simplesmente sortudos". James Allen não concordaria. Ele diria que, enquanto essas pessoas continuarem pensando assim, suas vidas permanecerão iguais. Quando mudarem seu modo de pensar, como milhões fizeram antes delas, suas circunstâncias também mudarão. Allen escreveu que somos os senhores de nossos pensamentos e, portanto, os artífices da "condição, ambiente e destino".

As pessoas que progridem neste mundo são aquelas que se erguem e buscam as circunstâncias que desejam e, se não as encontram, as criam.

– George Bernard Shaw

Pedi e vos será dado; buscai e achareis; batei e vos será aberto.

– Mateus 7:7

Allen usa algumas analogias para descrever a mente e seu funcionamento. Primeiro a compara a uma mina: antes de acharmos ouro ou diamantes, temos que procurar um veio e cavar bem abaixo da superfície. Para descobrir as riquezas dentro de nossas mentes precisamos fazer o mesmo – procurar e cavar. Ele diz: "O homem pode encontrar todas as verdades relacionadas ao seu ser se cavar profundamente na mina de sua alma." A cultura em que vivemos transforma isso num desafio, pois a poderosa indústria publicitária nos induz a fazer exatamente o oposto. Como já dissemos, ela não quer que cavemos nem que pensemos com nossa própria cabeça. A publicidade nos bombardeia diariamente com mensagens superficiais sobre as coisas que deveríamos ter para parecermos ou nos sentirmos bem. Não pense – compre! Mas, se queremos encontrar o tesouro dentro de nós, precisamos estar dispostos a cavar um pouco.

Outra analogia usada por Allen para descrever a mente é a de um jardim. Cultivamos um jardim saudável com boas sementes e solo fértil. Depois ele precisa de cuidados constantes, como adubagem e remoção de ervas daninhas. As boas sementes são idéias e conhecimento. O solo fértil é uma mente aberta. A adubagem é o estudo e a contemplação. E a remoção de ervas daninhas consiste em extirpar nossos pensamentos negativos. Allen diz que o jardim "pode ser cultivado com inteligência ou abandonado; mas, nos dois casos, as sementes irão brotar".

> *Assim como o jardineiro cultiva a terra, mantendo-a livre de ervas daninhas e plantando as flores e frutas de que precisa, um homem pode cultivar o jardim de sua mente, extirpando todos os pensamentos errados, inúteis e impuros e cultivando até à perfeição as flores e frutas dos pensamentos certos, úteis e puros. Ao seguir esse processo, um homem mais cedo ou mais tarde acaba descobrindo que é o mestre jardineiro de sua alma, o dirigente de sua vida.*
>
> – JAMES ALLEN

A semeadura e colheita que realizamos na vida começam com nossa atitude. A Bíblia ensina que para colhermos uma vida boa precisamos ter uma visão positiva e acreditar que ela é possível. Ela nos recomenda que sejamos gratos, alegres e, acima de tudo, que tenhamos esperança. Allen nos diz que tudo isso é possível se aprendermos a dirigir e controlar nossos pensamentos:

> *O mundo externo das circunstâncias amolda-se ao mundo interior do pensamento, e condições externas, tanto agradáveis como desagradáveis, são fatores que acabam resultando no bem supremo do indivíduo. Como o colhedor de sua própria ceifa, o homem aprende com o sofrimento e a felicidade.*
>
> *A circunstância não forma o homem, mas o revela a si mesmo.*
>
> *O homem não obtém aquilo que deseja pelo que reza, e sim aquilo que ele justamente merece. Seus desejos e orações só são atendidos e respondidos quando se harmonizam com seus pensamentos e ações.*
>
> *Bons pensamentos e boas ações não podem produzir resultados ruins; maus pensamentos e más ações não podem produzir resultados bons.*
>
> *Um homem só começa a ser homem quando cessa de se lamentar e injuriar e começa a procurar pela justiça oculta que regula sua vida.*
>
> *Pensar bem sobre todos, ser amável com todos, aprender pacientemente a encontrar o bem em todos – tais pensamentos altruístas são os próprios portais do paraíso.*
>
> – JAMES ALLEN

Deus quer que tenhamos um pensamento positivo?

Tudo é possível para aquele que crê.

– Marcos 9:23

Há mais de 50 anos, um pastor protestante escreveu o que se tornou um grande best-seller. Milhões de pessoas afirmaram que a leitura desse livro mudou a vida delas. Trata-se de *O poder do pensamento positivo,* de Norman Vincent Peale.

Embora o livro de Peale tenha sido uma dádiva para milhões de pessoas, foi fortemente criticado em alguns círculos protestantes. Acusaram-no de preferir a psicologia popular à palavra de Deus.

Faço menção aqui à sua posição controvertida porque nem todos acreditam que o pensamento positivo seja ensinado pelas Sagradas Escrituras. Muitos acham que ele se opõe frontalmente aos ensinamentos bíblicos, encorajando as pessoas a confiarem em si mesmas e em seus próprios poderes, em vez de em Deus. Discordo totalmente desse ponto de vista defendido por fundamentalistas intolerantes que alegam que sua interpretação da Bíblia é a única correta.

Li o livro num momento em que estava cheio de raiva e de pensamentos negativos, achando que a vida fora injusta comigo. Sua leitura ajudou-me a perceber que Deus dotou-me de um cérebro e de livre-arbítrio para que eu pudesse fazer as melhores escolhas para a minha vida. Eu me dei conta de que estava alimentando pensamentos negativos e decidi mudar. Estou convencido de que Deus quer sempre o melhor para nós, e isso aparece claramente na Bíblia. Davi recomendou que nos regozijemos, Salomão recomendou que buscássemos o bem, Jesus nos disse que devemos nos alegrar e Paulo falou que devemos concentrar nossos pensamentos nas coisas boas da vida.

O homem misericordioso faz bem a si mesmo.

– Provérbios 11:27

A atitude é uma escolha

Eu te propus a vida ou a morte, a bênção ou a maldição. Escolhe, pois, a vida, para que vivas tu e a tua descendência.

– Deuteronômio 30:19

Tudo se pode tirar de um homem, menos uma coisa, a última das liberdades humanas: a capacidade de escolher sua atitude em qualquer conjunto de circunstâncias, de escolher seu próprio rumo.

– Viktor Frankl

Quero agora falar de um terceiro livro que transformou inúmeras vidas, inclusive a minha. O livro *Em busca de sentido: Um psicólogo no campo de concentração*, de Viktor Frankl (1905-1997). Releio partes dele todos os anos, porque sua leitura reforça em mim a convicção de que sou sempre livre para escolher minha atitude, independentemente do que esteja acontecendo à minha volta. Passei vários anos ensinando esse conceito aos meus alunos, jovens e adultos, e continuo a ensinar sempre que tenho chance.

O livro conta a história do período que o autor passou num campo de concentração, durante a Segunda Guerra Mundial. Frankl era um jovem médico judeu em Viena durante o regime nazista. Pouco após seu casamento, em 1942, ele, sua esposa, seus pais e irmão foram enviados para campos de concentração nazistas. Ele passou três anos em Auschwitz e em três outros campos. Foi o único membro de sua família a sobreviver. Na primeira seção do livro descreve o sofrimento atroz e desumano a que ele e seus colegas prisioneiros foram submetidos.

Naqueles três anos, Frankl perdeu tudo que importava para ele: sua esposa e outros membros da família, sua casa, todos os seus bens materiais e o exercício da medicina. Ele escreve que um dia, enquanto esperava pelo banho de chuveiro, subitamente se conscientizou de que estava completamente nu. "Realmente não tínhamos nada, exceto nossos corpos nus – nem mesmo os cabelos. Tudo que possuíamos, literalmente, era nossa existência nua." Muitos de seus colegas prisioneiros acabaram perdendo a vontade de viver. Mas Frankl e alguns outros voltaram-se para dentro de si e exploraram seus recursos interiores, conseguindo assim sobreviver.

Dois desses recursos foram a imaginação e a esperança. Frankl e outros decidiram acreditar que um dia seriam libertados e voltariam a ter vidas felizes e produtivas. Quanto mais específicos eram seus planos para o futuro, maior a esperança. Eles perceberam que, independentemente do que os nazistas fizessem com eles, interiormente continuavam livres para escolher seus próprios pensamentos, suas próprias esperanças e suas próprias atitudes, por mais atrozes que fossem as circunstâncias externas.

O fato de sermos livres para escolher nossos pensamentos e atitudes, por pior que pareça a situação, é um conceito simples mas profundo. Embora muitos o ignorem por completo, compreender esse conceito pode mudar uma vida. Quando pergunto às pessoas o que determina suas atitudes, eis as respostas que costumo ouvir:

- "Meu estado de espírito."
- "O dia da semana."
- "O lugar onde estou."
- "Uma noite bem ou maldormida."
- "A pessoa com quem estou."
- "O que estou fazendo."
- "Como estou sendo tratado."
- "A posição dos astros."
- "Sei lá."

As milhões de pessoas que pensam assim passarão suas vidas desligadas de seu maior poder: o de escolher suas próprias atitudes, sejam quais forem as circunstâncias. Deixarão que pessoas, coisas e eventos externos determinem seu destino. Como é libertador descobrir que temos controle sobre as nossas vidas porque somos capazes de controlar nossos pensamentos!

Um homem só consegue subir, conquistar e realizar elevando seus pensamentos.

– James Allen

A maior descoberta da minha geração é que um ser humano consegue alterar sua vida alterando suas atitudes mentais.

– William James

Atitudes desagradáveis que a Bíblia recomenda que evitemos

Fazei tudo sem murmurações nem reclamações.

– Filipenses 2:14

Embora a ênfase deste capítulo seja nas atitudes positivas abordadas pelas Sagradas Escrituras, pode ser útil examinar brevemente as principais atitudes negativas, listadas abaixo, que envenenam as nossas vidas. Faríamos bem em seguir o conselho dos grandes mestres da Bíblia de evitá-las, pois é uma das coisas mais positivas que podemos fazer.

Egoísta	Vingativa	Gananciosa	Orgulhosa
Amargurada	Deprimida	Desesperada	Raivosa
Ciumenta	Soberba	Enganadora	Esnobe
Sombria	Desagregadora	Vaidosa	Desobediente
Intolerante	Arrogante	Odiosa	Desrespeitosa

Um rabino e um pregador falam sobre a importância da atitude

Harold Kushner e Chuck Swindoll são líderes religiosos que escreveram amplamente sobre a importância da atitude. Suas palavras confortam e inspiram pessoas de religiões diferentes e até as que não professam qualquer religião.

O rabino Kushner tornou-se conhecido, no início da década de 1980, com a publicação de seu best-seller *Quando coisas ruins acontecem a pessoas boas*. Ele ajudou literalmente milhões de pessoas a lidar com o sofrimento. O próprio Kushner sofrera uma grande dor com os 14 anos de doença e a morte de seu filho Aaron. Ele se descreveu como um homem "ferido pela vida". Mas, em vez de se afundar na autocomiseração, encontrou sentido no sofrimento e aprendeu a lidar com a perda. Sua história sempre me lembrou a de Viktor Frankl. Ambos sofreram profunda e injustamente. Ambos perceberam que tinham uma escolha a fazer: mergulhar no sofrimento ou abraçar a esperança. E ambos usaram a sua dor para ajudar os outros.

O rabino Kushner nos oferece ajuda para *quando* coisas ruins acontecem. Porque uma das realidades da vida é que coisas ruins *acontecem* – tanto para pessoas boas quanto más. Todos nós enfrentamos adversidades, dores e perdas. A questão é: como lidar com isso?

O rabino Kushner nos ensina a não deixar que os infortúnios e a dor nos destruam, mas que cresçamos com eles. Ele nos aconselha a evitar a pergunta "Por que isso aconteceu comigo?" e nos aconselha a pensar: "Agora que isso aconteceu, como devo reagir?" Ele responde a esta questão no final do livro. Diz que Deus nos dotou da capacidade de perdoar e amar para que possamos "levar uma vida plena, corajosa e significativa neste mundo imperfeito".

A dor é inevitável. A aflição é opcional.

– Tim Hansel

Chuck Swindoll é pastor evangélico, educador e pregador radiofônico que atrai pessoas de todas as crenças e possui milhões de adeptos. Sua mensagem de esperança é muito concreta, fácil de entender e cheia de bom senso.

Swindoll diz que a decisão mais importante que toma no dia-a-dia é a escolha da atitude. "É a atitude que me mantém avançando ou detém meu progresso."

Swindoll escreveu uma das declarações mais poderosas que já li sobre a importância da atitude. É tão conhecida que inúmeras vezes foi impressa em cartões e cartazes e citada em publicações ou na internet. Eu a mantive em um grande cartaz na minha sala de aula por muitos anos, para lembrar aos meus alunos (e a mim!) que a atitude é sempre uma escolha, a mais importante que fazemos a cada momento de nossa vida. Aqui está sua sabedoria:

> *Quanto mais eu vivo, mais percebo o impacto da atitude na vida. A atitude, para mim, é mais importante do que os fatos. Ela é mais importante do que o passado, a educação, o dinheiro, as circunstâncias, os fracassos, os sucessos e do que aquilo que as outras pessoas pensam, dizem ou fazem. É mais importante do que aparência, talento ou habilidade. Pode erigir ou destruir uma empresa, [...] uma igreja, [...] um lar. O notável é que podemos optar, a cada dia, pela atitude que adotaremos naquele dia. Não podemos mudar o inevitável. Só o que podemos fazer é tanger a única corda de que dispomos: nossa atitude. Estou convencido de que a vida é 10% o que acontece comigo e 90% como reajo aos acontecimentos. O mesmo se dá com você; [...] somos responsáveis por nossas atitudes.*
>
> – Chuck Swindoll

Moisés, Jó, Davi, Salomão, Jesus, Paulo e Tiago concordariam. O primeiro passo para encontrar a alegria que as Sagradas Escrituras prometem é desenvolver uma visão positiva da vida.

> *Tornaste o meu pranto regozijo, tiraste o meu cilício, e me cingiste de alegria.*
>
> – Salmos 30:11

Sétimo mandamento

Valorize o que as pessoas têm de melhor

É preferível construir a demolir

Provérbios do Antigo Testamento

O ferro se aguça com o ferro; e o homem se aguça com a presença do seu próximo.

– Provérbios 27:17

Maçãs de ouro com enfeites de prata é a palavra falada em tempo oportuno.

– Provérbios 25:11

Novo Testamento

Não saia de vossos lábios nenhuma palavra inconveniente, mas, na hora oportuna, a que for boa para edificação, que comunique graça aos que a ouvirem.

Efésios 4:29

Consolai-vos pois, e edificai-vos mutuamente como já fazeis.

– Tessalonicenses 5:11

Sétimo Mandamento

Valorize o que as pessoas têm de melhor. É preferível construir a demolir

A boca do justo é fonte de vida.

– Provérbios 10:11

Não saia de vossos lábios nenhuma palavra inconveniente, mas, na hora oportuna, a que for boa para edificação, que comunique graça aos que a ouvirem.

– Efésios 4:29

Promotores da vida

O Antigo e o Novo Testamento nos lembram que podemos ter uma grande influência sobre as pessoas à nossa volta. Essa influência pode ser positiva ou negativa. Como diz Salomão, a língua tem um poder de vida ou morte (Provérbios 18:21). No terceiro capítulo falei sobre os danos que podemos infligir usando uma linguagem destrutiva. Este capítulo enfoca o bem que podemos causar ao adotarmos uma linguagem gentil e afirmativa.

Qual a melhor coisa que você pode dizer sobre alguém? Que é dedicado? Que é carinhoso? Consciencioso? Que é uma pessoa de princípios? Corajosa? Generosa? Forte? Confiável? Honesta? Existem muitas palavras positivas para descrever aqueles que admiramos. Durante muitos anos empreguei uma expressão simples para descrever esse tipo de pessoas. Eu as chamo de *promotoras da vida*. São pessoas que melhoram, fortalecem e embelezam o mundo à sua volta, trazendo à tona o que cada um de nós tem de melhor. Todos fomos, em algum momento da vida, abençoados por pessoas assim. Elas nos ajudam a ver nossos aspectos mais positivos. Elas nos incentivam. Elas promovem a nossa vida.

Alguém diria que você é uma pessoa promotora da vida? Você demonstra um interesse genuíno pelos outros? Mostra-se solidário com eles? Procura o que têm de bom? Ajuda-os a ver o lado positivo deles? Expressa admiração quando algo é bem-feito? Manifesta gratidão? Estimula-os? Estas são algumas das várias maneiras de extrair o melhor das outras pessoas. São exatamente o que os autores da Bíblia nos recomendam.

> *Os lábios do justo apascentam a muitos.*
>
> – Provérbios 10:21

Os promotores da vida são pessoas que nos deixam contentes por estarmos vivos. Quando estamos de baixo-astral, elas nos animam. Quando sofremos, nos confortam. Quando desanimamos, nos dão esperança. Quando temos sucesso, celebram conosco. Quando precisamos de ajuda, colocam-se disponíveis. Quando nos extraviamos, nos ajudam a reencontrar o caminho. Quando nos falta experiência, nos ensinam. Quando somos gentis, manifestam gratidão. Quando estamos pessimistas, ajudam a ver o lado bom. Quando pensamos em desistir, nos dão novo alento. Mesmo quando a vida é boa, elas a tornam melhor. Elas a aprimoram.

O que todos os bons líderes fazem

Quais as principais responsabilidades das pessoas nessas posições?

- Pai
- Professor

- Orientador
- Rabino/padre/pastor
- Mentor
- Líder empresarial
- Político eleito
- Líder militar
- Dirigente de uma organização de caridade

Formulei a pergunta a centenas de pessoas: jovens, adultos, idosos, pessoas de uma ampla variedade de profissões, de diversas religiões, de diferentes pontos de vista políticos. Independentemente da posição que ocupam, as respostas são bem similares. Eis as quatro que ouço com mais freqüência:

1. "Fazer com que o serviço seja realizado."
2. "Fazer com que as pessoas produzam."
3. "Ensinar às pessoas como fazer as coisas certas."
4. "Delegar autoridade."

Tudo isso é verdade: os bons líderes delegam, ensinam, fazem as pessoas produzirem e, em última análise, garantem que o serviço seja realizado. Mas existe uma resposta mais simples que abrange tudo isso. É "extrair o melhor das pessoas que você lidera". Se uma mãe reconhece as qualidades da filha, incentiva e encoraja a criança a obter o melhor de si, está sendo uma boa líder. Se um chefe valoriza as qualidades de um funcionário, o incentiva e encoraja a dar o melhor de si, é um bom líder. E assim por diante. A função é cumprida quando o responsável extrai o melhor da pessoa que está liderando.

Paradoxalmente, a forma mais eficaz de extrair o melhor dos outros é servi-los. Costumamos imaginar o líder como alguém rigoroso e exigente, e por isso a idéia de líder servidor pode parecer estranha. No entanto, provou-se inúmeras vezes, desde os tempos bíblicos, a sua eficácia. Na verdade, em muitas situações o líder servidor é o único que terá êxito.

De acordo com o homem que cunhou o termo, Robert K. Greenleaf, "a liderança servidora encoraja a colaboração, a confiança, a previsão, o hábito de ouvir, o emprego ético do poder e sua partilha".

No site Leadersdirect encontramos a resposta à pergunta "O que fazem os líderes servidores?":

- Dedicam-se a servir as necessidades dos membros da organização.
- Desenvolvem os funcionários para extrair o melhor deles.
- Orientam os outros e os encorajam a se expressarem.
- Facilitam o crescimento pessoal de todos que trabalham com eles.
- Ouvem os seus funcionários e desenvolvem uma consciência de comunidade.

Embora o conceito de "líder servidor" se tenha originado no contexto dos negócios, é fácil ver como os mesmos princípios se aplicam em casa, na sala de aula, nos esportes, num local de culto, nas instituições e na nossa relação com qualquer pessoa. E embora Greenleaf tenha criado o termo em 1970, os líderes servidores existem há milhares de anos. No Antigo Testamento, pessoas como Abraão, Moisés, José e Davi estão entre os maiores líderes servidores. Cada um deles foi eficaz em seus propósitos, porque amou e cuidou do povo que liderou. No Novo Testamento vemos Jesus como o supremo líder servidor, e seu exemplo foi seguido por Paulo, João Batista e Pedro.

> *Aquele que quiser tornar-se grande entre vós seja aquele que serve.*
>
> – Mateus 20:26

Nós, os fortes, devemos carregar a fragilidade dos fracos, e não buscar a nossa própria satisfação. Cada um de nós procure agradar ao próximo, em vista do bem, para edificar.

– ROMANOS 15:2

São inúmeras as sugestões das Sagradas Escrituras de como extrair o que os outros têm de melhor. Concentrei-me em algumas básicas, aquelas que temos a oportunidade de praticar no dia-a-dia. Eis sete maneiras de melhorar a vida dos que estão à nossa volta:

1. Mostre interesse genuíno.
2. Escute com seu coração.
3. Ensine e oriente.
4. Reconheça e elogie.
5. Encoraje e inspire.
6. Seja uma fonte de apoio.
7. Celebre a vida!

1. Mostre um interesse genuíno

Tende a mesma estima uns pelos outros, sem pretensões de grandeza, mas sentindo-vos solidários com os mais humildes.

– ROMANOS 12:16

Estamos todos conscientes de que milhares de pessoas morrem diariamente de fome no mundo. Por mais trágico que isso seja, existe outro tipo de fome que também está destruindo a vida das pessoas. Ela se estende a todos os países: é a fome por atenção. Não estou falando da necessidade de ser o centro das atenções ou de ficar famoso, mas de *ser reconhecido como pessoa humana*. Além das necessidades básicas de água, ar, alimento e segurança, esta é uma necessidade absolutamente essencial para a sobrevivência e o crescimento. Porém, milhões de seres humanos vão dormir todas as noites sentindo que não valem nada. Grande parte do problema poderia ser resolvido com atos simples de gentileza: uma palavra de reconhecimento, um gesto de afeto, uma atitude de valorização.

No Antigo Testamento, Salomão nos exorta a não nos tornarmos arrogantes, a não nos colocarmos acima dos outros. Outros líderes da Bíblia nos estimulam a prestar atenção nas necessidades dos nossos semelhantes. No Novo Testamento, Jesus recomenda que tratemos todos como gostaríamos de ser tratados. E Paulo diz que devemos nos interessar genuinamente por todas as pessoas. Infelizmente é raro isso acontecer. Valorizamos as celebridades, as pessoas com poder e prestígio que podem nos ajudar a subir, mas dificilmente nos desviamos do caminho para prestar atenção nos que mais precisam.

Com freqüência tratamos os mais humildes como se não existissem. Observo como as pessoas ignoram os motoristas de ônibus, os manobristas nos estacionamentos, os garçons nos restaurantes, os carregadores de mala nos aeroportos. Raramente agradecem o serviço prestado e praticamente os desconhecem.

Alguns meses antes de escrever este livro, li um artigo escrito por um psicólogo sobre os tipos de pessoas mais ignoradas: os pobres, os idosos, os deficientes e as minorias, principalmente se exercem empregos mal remunerados. O autor citou a conhecida Teoria da Hierarquia de Necessidades formulada por Abraham Maslow, que acreditava que uma pessoa não pode progredir na vida se suas necessidades básicas não forem satisfeitas. Uma dessas necessidades é a sensação de integração. Quando não satisfeita, as pessoas se sentem insignificantes e alienadas. O autor acha que poderíamos multiplicar a alegria na vida dessas pessoas com alguns gestos simples de gentileza: um olhar, um sorriso, um cumprimento, uma pergunta, um agradecimento. Ele termina seu artigo com esta citação:

Um grande homem mostra sua grandeza pela forma como trata os pequenos homens.

– Thomas Carlyle

2. Escute com seu coração

Quem modera os seus lábios é prudente.

– Provérbios 10:19

Ouça o sábio e cresça em ciência.

– Provérbios 1:5

Há uma forma especial de acolher e reconhecer os outros sem sequer abrir a boca: é escutando. Como qualquer habilidade, ela se desenvolve pelo esforço deliberado e pela prática, muita prática. A maioria das pessoas pensa que ouvir e escutar são a mesma coisa, mas não são. Ouvimos com nossos ouvidos: é uma função fisiológica. Escutamos com nossos corações: é uma função social, psicológica e emocional.

Durante viagem recente a Cingapura, falei sobre como é importante escutar para que haja uma comunicação eficaz. Na palestra, citei um antigo filósofo grego:

Temos duas orelhas e uma boca, portanto podemos escutar duas vezes mais do que falar.

– Epicteto

Na mesma palestra, referi-me à teoria de Alan Loy McGinnis, terapeuta de famílias e escritor. Ele diz: "Bons ouvintes escutam com os olhos." Quando alguém fala conosco, nossos olhos revelam se estamos *realmente* escutando. Quando olhamos dentro dos olhos do outro, estamos enviando esta mensagem: "O que você tem a dizer é importante. Estou lhe dando minha total atenção." Finalmente, mencionei que escutar exige empatia e concentração, e que isso é uma tarefa difícil. Escutamos com nosso ser total, inclusive com nosso núcleo – o coração.

3. Ensine e oriente

A orientação e o ensinamento são ferramentas importantíssimas para extrair o que temos de melhor. Não estou me referindo ao ensino em sala de aula, mas ao fato de sermos todos professores. Freqüentemente entramos em contato com pessoas que podem se beneficiar de nossos conhecimentos e experiência. Temos uma obrigação sagrada de ajudar os outros a aprenderem habilidades novas e a desenvolverem uma compreensão maior do funcionamento da vida. Por outro lado, encontramos regularmente pessoas que sabem algo que ignoramos, que possuem uma habilidade de que carecemos e compreendem algum aspecto da vida melhor do que nós. Somos ao mesmo tempo professores e aprendizes. E extraímos o melhor uns dos outros quando compartilhamos nossos conhecimentos e sabedoria.

Os mentores se encontram em toda parte, disponíveis para nós e capazes de enriquecer as nossas vidas. Mas preste atenção no seguinte: seja *você mesmo* um mentor!

Meus mentores me ajudaram a desenvolver habilidades e a aumentar meus conhecimentos e minha compreensão de diferentes aspectos da vida. Foi uma verdadeira bênção. Mas a segunda bênção foi ser capaz de transmitir aos outros o que aprendi.

Ensinar e orientar são atividades em que todos saem ganhando. É empolgante e gratificante aprender algo novo ou aprofundar os conhecimentos. E é igualmente empolgante e gratificante transmitir esse aprendizado. Como dizem as Sagradas Escrituras, podemos melhorar a vida dos outros enquanto melhoramos a nossa.

O coração sábio tem fama de inteligente, a doçura dos lábios aumenta o saber.

– Provérbios 16:21

4. Reconheça e elogie

Não negues um favor a quem necessita se tu podes fazê-lo.

– Provérbios 3:27

Não saia dos vossos lábios nenhuma palavra inconveniente, mas, na hora oportuna, a que for boa para edificação, que comunique graça aos que a ouvirem.

– Efésios 4:29

Meu segundo livro, *Palavras positivas, mudanças significativas*, mostra o impacto que nossas palavras podem ter. Escrevi-o para lembrar às pessoas que tendemos a esquecer o impacto que produzimos com o que dizemos e para insistir que escolham as palavras com mais cuidado, sobretudo aquelas referentes às qualidades dos outros.

As palavras "reconhecer" e "elogiar" são extremamente poderosas. Significam dar-se conta do que os outros têm de bom e transmitir-lhes o que se constatou. Significam acolher e dar apoio. Significam valorizar o bem que o outro faz e estimular comportamentos semelhantes. Ninguém é jovem ou velho demais para dispensar um elogio. Portanto, tente. Ao ver seu filho, filha, amigo, pai, mãe, companheiro de trabalho, ou qualquer pessoa fazer uma coisa boa, reconheça e elogie.

Aumentamos aquilo que elogiamos. A criação inteira responde ao elogio e fica contente.

– Charles Fillmore

5. Encoraje e inspire

Consolai-vos, pois, e edificai-vos mutuamente como já fazeis.

– Tessalonicenses 5:11

A palavra "encorajar" tem um sentido especial. O prefixo *en* significa "colocar" ou "dar". A palavra latina *cor* significa "coração". Assim, quando encorajamos uma pessoa, colocamos algo em seu coração. Em outras palavras, damos coragem a essa pessoa e aumentamos sua autoconfiança.

"Inspirar", por sua vez, é definido como "estimular a capacidade criativa de alguém, dando-lhe ânimo e vontade de trabalhar".

Alguns dos maiores encorajadores de todos os tempos estão nos dois livros da Bíblia. Ela contém histórias maravilhosas de líderes que, com sua própria coragem e capacidade de encorajamento, trouxeram à tona o que as pessoas tinham de melhor. Por isso Paulo diz que devemos nos encorajar e fortalecer mutuamente.

Adule-me, e poderei não acreditar em você. Critique-me, e poderei não gostar de você. Ignore-me, e poderei não perdoá-lo. Encoraje-me, e não poderei esquecê-lo.

– William Arthur Ward

Poucas coisas no mundo são mais poderosas do que um estímulo. Um sorriso. Uma palavra de otimismo e esperança. Um "você é capaz" quando as coisas estão difíceis.

– Richard DeVos

6. Seja uma fonte de apoio

A boca do justo é fonte de vida.

– Provérbios 10:11

Felizes os aflitos, porque serão consolados.

– Mateus 5:5

As Sagradas Escrituras estão cheias de histórias de pessoas que sofrem. Mas existe um número igual de histórias sobre pessoas sendo confortadas. Elas encontram conforto em Deus e nos outros. A Bíblia nos exorta a usar nossas próprias dificuldades e sofrimentos para ajudar pessoas que estejam passando por situação semelhante.

Acho que ninguém no Antigo Testamento sofreu mais do que Jó. Todas as desgraças possíveis se abateram sobre ele. Uma das partes mais interessantes da história é quando seus três melhores amigos vieram consolá-lo. Eles tentaram explicar a Jó *a razão* de todos aqueles infortúnios. Especularam sobre os pecados dele e por que Deus o estava punindo. Mas, em vez de confortá-lo, aumentaram seu sofrimento. Jó respondeu aos amigos: "Sois todos consoladores importunos" (Jó 16:2). Depois disse que se a situação se invertesse ele os trataria de forma diferente: "Poderia vos reconfortar com palavras e depois deixar de agitar os lábios"(Jó 16:5). Jó nos recomenda que não tentemos compreender ou explicar a causa do sofrimento, mas que façamos todo o possível para aliviá-lo.

No Novo Testamento, Paulo escreveu eloqüentemente aos cristãos de Corinto sobre como podemos usar nosso próprio sofrimento para ajudar os outros. Ele lembrou que Jesus sofrera uma morte indescritível. Disse que quanto mais compartilharmos aquele sofrimento mais capazes seremos de ajudar os outros. "Mas, se somos atribulados, é para a vossa consolação que o somos. Se somos consolados, é para a vossa consolação, que vos faz suportar os mesmos sofrimentos que também nós padecemos" (II Coríntios 1:6).

Como a vida não é justa, e coisas ruins acontecem com pessoas boas, em certos momentos todos nós precisamos do conforto que vem dos outros. Pode vir da mera presença de uma pessoa, de um abraço, de um afago, ou de palavras gentis e estimulantes.

A língua dos sábios cura.

– Provérbios 12:18

7. Celebre a vida!

Um olhar sereno alegra o coração, uma boa notícia reanima as forças.

– Provérbios 15:30

Eu vos digo isso para que a minha alegria esteja em vós e vossa alegria seja plena.

– João 15:11

No capítulo anterior, observei que as palavras "alegria" e "alegrar" aparecem 268 vezes nas Sagradas Escrituras. Eis um indício convincente de que Deus não quer que sejamos uns rabugentos que vivem reclamando de tudo e achando que o mundo não tem jeito. Deus quer que sejamos alegres e que compartilhemos nossa alegria com os outros. Quer que aliviemos as cargas das pessoas e as animemos. Trazemos à tona o que os outros têm de melhor quando os ajudamos a descobrir tudo o que o mundo nos oferece de bom. Procure as coisas bonitas – gestos, palavras, espetáculos da natureza, crianças brincando, pessoas generosas –, descubra-as, aprecie-as, fale sobre elas, celebre-as!

Nas passagens acima, Salomão afirma que boas notícias curam, e Jesus diz que nossa alegria deve ser compartilhada. No entanto, vivemos numa sociedade que parece cultivar as más notícias e onde as pessoas reclamam e resmungam muito mais do que expressam alegria. Talvez por isso Jesus também tenha dito: "Brilhe do mesmo modo a vossa luz diante dos homens" (Mateus 5:16), e Paulo nos diz que, ainda que vivamos "no meio de uma geração corrupta e perversa", devemos "brilhar como astros no mundo" (Filipenses 2:15).

No início de minha carreira de professor fiquei chocado com todas as reclamações que ouvia na universidade. Os professores reclamavam dos jovens e da administração, e os jovens reclamavam dos mestres. Queixas, queixas, queixas. Como já disse, esse tipo de conversa tende a se espalhar e envenenar o ambiente. Com a ajuda dos meus alunos, melhoramos o clima na minha sala de aula. Coloquei um grande cartaz sobre o quadro-negro com os dizeres CELEBRE HOJE!. Eu apontava para ele no início de cada aula e perguntava: "O que vamos celebrar hoje?" Eles tinham quatro escolhas: (1) compartilhar boas notícias; (2) expressar gratidão por algo ou alguém; (3) dizer alguma coisa gentil e positiva sobre uma pessoa na classe; (4) fazer-nos rir. Por mais simples que aquilo fosse, os minutos iniciais de cada aula eram mágicos.

Salomão estava certo. Um coração alegre realmente é um bom remédio, e boas notícias de fato promovem a saúde.

Oitavo mandamento

Seja impecável em sua integridade

Ela traz paz de espírito e honradez

Provérbio do Antigo Testamento

Quem caminha na integridade caminha seguro.

– Provérbios 10:9

Novo Testamento

Estamos convictos de possuir uma consciência boa, com a vontade de nos comportar bem em toda ocasião.

– Hebreus 13:18

Oitavo mandamento

Seja impecável em sua integridade. Ela traz paz de espírito e honradez

Eis que desejas que a verdade esteja no íntimo; faze-me, pois, conhecer a sabedoria no secreto da minha alma.

– Salmos 51:6

Felizes os puros no coração, porque verão a Deus.

– Mateus 5:8

Como seria o mundo?

No Antigo Testamento, Moisés, Davi, Salomão, Jó e Isaías afirmam que o mundo seria um lugar melhor se as pessoas seguissem o preceito de Deus de serem honestas em todas as coisas e viverem com integridade. Dois dos Dez Mandamentos nos mandam não roubar e não mentir. No Novo Testamento, tanto Jesus como Paulo insistem para que sejamos pessoas honestas e íntegras. O autor da epístola aos cristãos escreve: "Estamos convictos de possuir uma consciência boa, com a vontade de nos comportar bem em toda ocasião" (Hebreus 13:18).

Pense por um momento em como seria o mundo se seus habitantes seguissem esses ensinamentos e fossem pessoas honestas. Vamos examinar alguns setores da sociedade:

- **Governo:** Os detentores do poder sempre diriam a verdade. Eles se concentrariam em trabalhar juntos para melhorar o país e servir da melhor maneira o povo que os elegeu.

- **Negócios:** Todas as funções seriam conduzidas com total integridade. Não haveria fraudes, golpes, lucros maquiados, nem desvio de dinheiro.
- **Relações internacionais:** Os líderes da comunidade mundial seriam abertos e diretos uns com os outros. Eles cooperariam de forma honrosa para, na medida do possível, negociar resoluções em que todos saíssem ganhando e que melhorassem a qualidade de vida em todo o mundo.
- **Relações pessoais:** Os casamentos, amizades, organizações sociais e redes profissionais teriam por base a confiança. Todos cumpririam plenamente os compromissos assumidos.
- **Escolas e universidades:** A integridade acadêmica seria total. Os pesquisadores seriam escrupulosos, os professores manteriam padrões profissionais elevados e os estudantes obteriam honestamente seus créditos e notas.

O mundo obviamente seria um lugar bem melhor se todos conduzissem suas vidas com honestidade e integridade. Você deve estar pensando: "É verdade, mas esse é um sonho utópico que nunca se realizará." Pode ser mesmo uma utopia, mas quero que os leitores imaginem como o mundo seria mais feliz se todos seguissem os ensinamentos contidos na Bíblia. A história nos mostra a quantidade enorme de pessoas que *não* os seguiram. O resultado é o que vemos: um mundo cheio de crimes, roubos, golpes e desconfiança. Colhemos o que semeamos.

Se cada um dos leitores se empenhar em estimular a honestidade e a integridade em seus lares, em suas empresas e em suas escolas, se escolher seus dirigentes com base em critérios de retidão, o mundo se tornará um pouco melhor. Madre Teresa afirmou que promovemos a mudança de cada pessoa por vez, e Margaret Mead afirmou que é preciso apenas "algumas pessoas dedicadas" para fazer a bola rolar rumo a mudanças significativas e positivas em grande escala.

Os pais e educadores podem se empenhar mais para ensinar o valor da honestidade às nossas crianças, as empresas podem criar políticas que sigam padrões éticos mais elevados. E os governos em todos os níveis podem exercer seu poder para reformular as regras e padrões de conduta entre as autoridades públicas. Um aumento da honestidade e da integridade, exercido a cada dia, não faria do mundo um lugar perfeito, mas com certeza o transformaria num lugar melhor.

> *As pessoas honestas não apenas mantêm relacionamentos mais sólidos e melhores com os outros, mas sua honestidade as transforma em pessoas melhores e torna o nosso mundo um lugar melhor.*
>
> – DR. MIKE THOMSON

O SIGNIFICADO DA HONESTIDADE E DA INTEGRIDADE

> *Integridade é dizer a mim mesmo a verdade. E honestidade é dizer a verdade às outras pessoas.*
>
> – SPENCER JOHNSON

Os termos "honestidade" e "integridade" estão intimamente associados, sendo muitas vezes usados como sinônimos. Mas existem certas diferenças sutis e importantes. Vamos procurar entendê-las, já que esses valores são essenciais à nossa busca de realização.

> *A honestidade é o primeiro capítulo no livro da sabedoria.*
>
> – THOMAS JEFFERSON

A palavra "honesto" vem do latim *honestus*, que significa "honrado". Uma pessoa honrada é guiada por fortes princípios morais e éticos e tenta sempre fazer a coisa certa. Essa conduta resulta sempre numa consciência tranqüila e conquista o respeito dos outros. O dicionário define "honesto" como "honrado, digno, decente". Definições adicionais são "íntegro", "probo", "reto".

> *Integridade significa que você faz o que faz porque está certo, e não por estar na moda ou ser politicamente correto.*
>
> – Denis Waitley

A palavra "integridade" vem do latim *integru*, "inteiro", que dá idéia de completude ou totalidade. Palavras com a mesma raiz são "integral", significando "o núcleo", e "integrado", que significa "juntar todas as partes". Em outras palavras, uma pessoa íntegra é aquela que não está dividida: uma pessoa completa, que não muda conforme as circunstâncias. Uma pessoa íntegra segue os mesmos altos padrões de conduta ética, seja em público ou em particular. O dicionário define integridade como "retidão, imparcialidade, qualidade de íntegro, inteireza".

É com boa razão que as Sagradas Escrituras recomendam que sejamos honestos e vivamos com integridade. As definições acima nos mostram o tipo de pessoa que nos tornamos quando optamos entre a desonestidade e honestidade.

Pessoas desonestas são:	**Pessoas honestas são:**
Falsas, fraudulentas	Reais, genuínas
Mentirosas	Sinceras
Não-confiáveis	Confiáveis
Desacreditadas	Honradas
Antiéticas	Éticas
Corruptas	Incorruptíveis
Fragmentadas, divididas	Completas, íntegras
Fracas	Fortes
De má reputação	Respeitadas

Por que honestidade e integridade são cruciais

A natureza de seu caráter é escolha sua. Dia após dia, você se torna aquilo que faz. A sua integridade é seu destino – é a luz que guia seu rumo.

– Heráclito

Heráclito foi um filósofo grego antigo (século VI a.C.). Veio antes de Sócrates e Platão e, embora menos conhecido, exerceu grande influência sobre ambos. Foi o primeiro filósofo ocidental a escrever amplamente sobre a moralidade e, como mostra a citação acima, tinha fortes convicções sobre o papel da integridade na determinação de nosso destino final – onde vamos parar e como.

Compartilho as crenças de Heráclito porque considero que a humildade e a integridade são a base de todas as demais virtudes. De uma perspectiva espiritual, a integridade é absolutamente essencial. Não podemos dizer que amamos a Deus praticando atos desonestos que prejudiquem o próximo. Mas não é preciso acreditar em Deus para valorizarmos a integridade. Sem ela seremos incapazes de realizar nosso potencial e nos tornarmos seres humanos plenos, atingindo o que temos de melhor. Sem integridade seremos sempre incompletos.

Existe uma boa razão para que, entre todas as outras virtudes, a integridade e a honestidade despertem minha paixão. A integridade foi uma virtude que conquistei nos últimos 26 anos e se tornou um imenso bem em minha vida. Logo após a angústia indescritível do divórcio, aos 29 anos, abandonei Deus, os ensinamentos de minha religião e a maioria dos valores com que havia sido criado. Sofri um colapso moral. E nos 10 anos seguintes cultivei a idolatria do egoísmo e da falta de compromisso.

Ao rememorar essa época, estremeço de vergonha e remorso. Mas, além de perdoar, Deus nos dá a oportunidade de usar nossos pecados e nossa dor para crescer e ensinar aos outros. Hoje em dia considero que minha missão é procurar, de todos os modos, transmitir o que a experiência me ensinou: que existe uma ligação direta entre a integridade e uma vida feliz.

Aqueles 10 anos de auto-adoração foram inicialmente divertidos, mas acabaram resultando em muita dor. Nunca me senti tão solitário e vazio. Foi a pior época da minha vida. Um amigo e colega, que mais tarde se tornou mentor espiritual, conduziu-me de volta a Deus quando eu tinha 39 anos. Foi aí que percebi a tremenda sabedoria contida nas Sagradas Escrituras. A qualidade de minha vida melhorou de uma forma inimaginável. As epístolas de São Paulo a Timóteo desempenharam um papel importante nessa mudança.

> *Toda Escritura é inspirada por Deus e útil para instruir, para refutar, para corrigir, para educar na justiça.*
>
> – II Timóteo 3:16

Uma das coisas que a Bíblia me mostrou com mais ênfase foi a necessidade de ser honesto. Descobri que eu me deixara envolver pela mentalidade do "todo mundo age assim". Uma pequena desonestidade aqui e ali parecia insignificante. Eu não era um fraudador, um ladrão ou um mentiroso compulsivo, mas não era 100% honesto. A leitura regular das Sagradas Escrituras me levou a fazer uma das escolhas mais importantes da minha vida: comprometer-me com Deus e comigo mesmo de que nunca mais diria ou faria algo desonesto.

Não tenho palavras para descrever as recompensas dessa decisão. As Sagradas Escrituras realmente ajudaram a corrigir meus erros e a mudar o rumo de minha vida. Não existe coisa melhor do que a paz de espírito.

> *Não há travesseiro mais macio do que uma consciência tranqüila.*
>
> – Provérbio francês

Precisamos ficar atentos, porque existem inúmeras maneiras de justificar a desonestidade. Sonegamos impostos alegando que eles são mal utilizados ou desviados pelo governo. Achamos que, se nossos governantes podem ser desonestos, nós também temos esse "direito". Em vez de nos empenharmos para mudar esse estado de coisas e procurar eleger dirigentes honestos, reproduzimos o que censuramos neles. De qualquer forma, mesmo que a maioria seja desonesta, isso não justifica que façamos a mesma escolha. O maior prejuízo será nosso.

A integridade pode ser ensinada? Três estratégias para plantar algumas sementes

Provavelmente a integridade foi o conceito mais difícil que já ensinei. Minhas aulas sobre honestidade e integridade eram recebidas com grande resistência tanto pelos alunos do nível médio quanto pelos universitários. É difícil combater a noção de que todo mundo comete atos desonestos e que é preciso ser desonesto para enfrentar a competição, mas acho que obtive algum progresso. Muitos alunos me agradeceram por lhes ter ensinado o significado real do sucesso e o papel que a integridade desempenha nele. Mesmo nos relutantes acho que plantei algumas sementes.

No decorrer dos anos, depois de muitas tentativas e erros, desenvolvi três estratégias que pareceram funcionar com a maioria dos meus alunos.

10 perguntas

Minha primeira estratégia era distribuir um papel com as 10 perguntas que vêm a seguir. Eu pedia aos estudantes que respondessem por escrito "sim" ou "não" para cada uma.

1. Se você comprasse qualquer produto – de um carro a um liquidificador –, gostaria que o vendedor fosse honesto com você?
2. Se você fosse dono de uma empresa, gostaria que seus funcionários fossem honestos ao lidar com os clientes e ao apresentar os relatórios de despesas?
3. Se você estivesse andando de táxi, gostaria que o motorista pegasse o caminho mais curto e cobrasse o preço justo?
4. Se você perdesse a sua carteira com dinheiro, documentos e cartões de crédito, gostaria que a pessoa que a encontrasse a devolvesse intacta?
5. Se você investisse o seu suado dinheiro, gostaria que o consultor financeiro fosse totalmente sincero com você?
6. Se você está casado(a) ou tem um namoro sério, gostaria que seu cônjuge ou companheiro(a) fosse honesto(a) com você?
7. Se você está competindo num torneio de atletismo, gostaria que os juízes e seus oponentes se comportassem corretamente?
8. Se você é empregado, gostaria que seu trabalho e suas realizações fossem avaliados de forma justa e honesta, com base nos seus méritos?
9. Se você comprasse um produto com o cartão de crédito por telefone ou pela internet, gostaria que a pessoa que lidasse com a transação respeitasse sua privacidade e segurança?
10. Se você fosse um artista ou o proprietário de uma gravadora, gostaria que as pessoas comprassem sua música de forma legal e honesta?

Em todos os anos em que formulei essas perguntas, ninguém *nunca* respondeu "não" a qualquer uma delas. Isso nos proporcionou ótimas discussões sobre honestidade e integridade como Regras de Ouro. Alguns alunos observaram que as respostas eram óbvias, porque ninguém quer ser enganado ou passado para trás. Perguntei então por que era justo que fizessem com os outros algo que não desejavam que lhes fizessem. Não tenho certeza de tê-los convencido, porque a mentalidade de "levar vantagem" é muito arraigada. Mas tenho a esperança de tê-los feito refletir.

Quatro escolhas

A outra atividade que parecia contribuir para a descoberta da importância da honestidade e da integridade era uma reflexão sobre as escolhas que fazemos na vida. Eu dava aos alunos uma folha de papel e pedia que anotassem as quatro escolhas mais importantes (tirando a religião) que fizeram na vida. Previsivelmente, as quatro escolhas mais freqüentes foram:

1. Educação
2. Carreira
3. Casamento
4. Local de moradia

Eu dizia aos alunos que concordava com a importância delas. Mas que gostaria de falar de algumas outras em que eles talvez nunca tivessem pensado. Citava então as seguintes:

1. Atitude
2. Respeito/gentileza
3. Ética do trabalho
4. Honestidade/integridade

Falarei brevemente sobre cada uma, priorizando a quarta, pois acho que nem sempre é bem entendida.

- **Atitude:** É o motor de tudo. É fundamental entender que será sempre uma escolha, não importando as circunstâncias em que nos encontremos. O título do quinto capítulo de meu livro *As grandes lições da vida* é "Atitude é uma escolha – a mais importante que você fará na vida".
- **Respeito/gentileza:** A Regra de Ouro diz que devemos tratar as outras pessoas como gostaríamos de ser tratados por elas. Não diz que devemos tratá-las bem só quando forem legais, nem diz que as tratemos bem só quando estivermos de bom humor. A forma como tratamos os outros, independentemente das circunstâncias, constitui sempre uma escolha. Leia o oitavo e o décimo capítulo de *As grandes lições da vida*, "Boas pessoas constroem suas vidas com base no respeito" e "Palavras amáveis não custam nada, mas obtêm muito".
- **Ética do trabalho:** O empenho com que nos dedicamos determina nosso progresso. Trata-se de uma escolha que fazemos todos os dias, seja na escola, num relacionamento, na nossa carreira ou numa competição atlética. Leia o décimo terceiro capítulo de *As grandes lições da vida*, "Nada substitui o trabalho duro".
- **Honestidade/integridade:** Escrevi também sobre este tema em *As grandes lições da vida*. O nono capítulo é "Honestidade ainda é a melhor prática". Decidi voltar a falar sobre o assunto neste livro por ser um tema que merece ser reexaminado e discutido do ponto de vista bíblico.

Imagino que quase todos concordam quando afirmo que uma pessoa irá longe na vida se fizer sistematicamente três coisas: manter uma atitude positiva, tratar os outros com bondade e respeito e explorar ao máximo as próprias habilidades. Não são muitos os que mantêm regularmente esses altos padrões. Mas os que conseguem têm algo em comum: o sucesso na vida. É uma ótima fórmula para o sucesso, mas é indispensável acrescentar a honestidade e a integridade. Grandes empresas extremamente bem-sucedidas foram destruídas – destruindo também a vida de seus acionistas, funcionários e clientes – porque lhes faltaram esses dois componentes essenciais.

Colhemos o que semeamos.

Conseqüências e recompensas

A integridade dos retos os guia; porém a perversidade dos desleais os destrói.

– Provérbios 11:3

Conduzi a terceira estratégia com grupos de quatro a cinco estudantes. Cada um recebia uma folha de papel com duas colunas. A da esquerda intitulava-se "Conseqüências da desonestidade" e a da direita, "Recompensas da integridade". Eu pedia aos alunos que discutissem entre si e depois listassem o máximo possível de itens em cada coluna. A seguir estão as conseqüências e recompensas compiladas num período de quase 20 anos.

As conseqüências da desonestidade

Na falsidade dos lábios há armadilha funesta.

– Provérbios 12:13

Quem segue um caminho torto é descoberto.

– Provérbios 10:9

Eis a lista organizada por mim e meus alunos:

- **A desonestidade destrói os relacionamentos.** Considere os relacionamentos entre as pessoas em situações como casamento, amizade, negócios, escola, esportes, locais de culto e governo. Se esses relacionamentos são fortes, isso se deve ao fundamento sólido em que se baseiam: a confiança. Quando alguém trai a confiança do outro, o fundamento desaparece e o relacionamento desmorona.

- **A desonestidade prejudica reputações.** As pessoas que mentem e cometem atos desonestos em algum momento são desmascaradas e adquirem má reputação. Perdem a credibilidade mesmo quando dizem a verdade. Depois que uma pessoa faz algo desonesto, todas as suas ações futuras estarão sob suspeita. A verdade é que ninguém quer lidar com uma pessoa desonesta.
- **A desonestidade solapa as carreiras.** O desejo de progredir na carreira é tão forte que muitas pessoas se dispõem a sacrificar a integridade para alcançar uma promoção. Isso tanto pode ser uma mentira no currículo quanto se apropriar do mérito do trabalho de um colega. Como esses deslizes acabam sendo descobertos, as pessoas são demitidas ou rebaixadas de cargo, arruinando quaisquer chances de realizar seu sonho.
- **A desonestidade torna-se um hábito.** Quando uma pessoa faz algo desonesto e não é desmascarada, a tentação de reincidir é quase irresistível. Enganar torna-se para ela um meio mais fácil de obter as coisas – um atalho moral. Depois se torna um verdadeiro vício que acaba prejudicando-a ou mesmo a destruindo.
- **A desonestidade costuma resultar em punição.** As punições para os que são flagrados em atos desonestos podem ser severas, atingindo o infrator e até mesmo pessoas de suas relações de trabalho.
- **A desonestidade magoa pessoas inocentes.** Ser traído é uma experiência terrível, dolorosa e capaz de mudar uma vida. Poucas coisas magoam mais ou são mais injustas. E tem mais. Quando um ente querido é descoberto fazendo

algo desonesto, a vergonha e o constrangimento costumam recair sobre a família, os amigos e por vezes a comunidade inteira.

- **A desonestidade prejudica a saúde.** Poucas pessoas percebem que a desonestidade tem o poder de desencadear problemas físicos e psicológicos. O Dr. Lewis Andrews, psicólogo que durante muitos anos estudou os efeitos da desonestidade sobre o sistema nervoso central, afirma que cada ato fraudulento exerce uma conseqüência negativa em nossa saúde. Provoca estresse e tensão. Pessoas que agem desonestamente causam dano ao seu próprio bem-estar.
- **A desonestidade divide as pessoas.** Essa é uma das piores conseqüências da desonestidade. A vida de uma pessoa desonesta é dividida, e ela perde a esperança de atingir seu potencial - tornar-se um ser humano completo. Quem mente e trapaceia nunca conhecerá a satisfação e a alegria de uma pessoa autêntica, como está dito na Bíblia.

AS RECOMPENSAS DA INTEGRIDADE

Quanto a mim, tu me sustentas na minha integridade e me colocas diante da tua face para sempre.

– SALMOS 41:12

Num tom positivo, produzimos também esta lista:

- **A integridade traz paz de espírito.** A pessoa íntegra desfruta muita paz interior. Ela não teme acusações, nem precisa justificar seus atos. Além da preciosa paz de espírito, a integridade traz várias recompensas, como noites bem dormidas, confiança e auto-estima.
- **A integridade gera um bom caráter.** Não pode haver bom caráter sem integridade. Embora uma pessoa de bom cará-

ter possa ter vários outros traços positivos, os fundamentais são a humildade e a integridade. Além de produzirem resultados admiráveis, essas qualidades levam ao respeito e a uma reputação sólida.

- **A integridade consolida os relacionamentos.** A confiança, que é base de todos os bons relacionamentos, depende da integridade. Qualquer tipo de relacionamento floresce quando as pessoas sabem que podem contar umas com as outras. A integridade é a argamassa que aglutina esses relacionamentos, sobretudo durante tempos difíceis.
- **A integridade torna as pessoas completas.** O grande psicólogo Carl Jung afirmou que nosso desejo mais profundo é o de "completude" – a realização de nosso potencial como a pessoa que somos chamados a ser. A integridade é a qualidade que torna isso possível. Sem ela, é como se nos faltasse algo. Esse vazio é preenchido com a integridade, que literalmente significa "ser completo".
- **A integridade promove a boa saúde.** Pessoas íntegras desfrutam de saúde mental no nível mais profundo. Suas mentes estão tranqüilas porque elas não são tomadas por culpa, preocupação e outras formas de tumulto interior. Elas sofrem menos tensão e estão menos propensas a doenças. Agir sistematicamente de forma correta faz as pessoas se sentirem saudáveis e vibrantes.
- **A integridade ajuda as pessoas a serem autênticas.** William Shakespeare aconselhou-nos há centenas de anos: "Acima de tudo, seja fiel ao seu próprio eu." E Spencer Johnson afirmou: "Integridade é dizer a mim mesmo a verdade." Integridade é algo interno. Quando somos verdadeiros com nós mesmos, somos também verdadeiros com os outros.

Os autores do Antigo e do Novo Testamento tinham uma compreensão profunda da natureza humana. Eles conheciam nossas fraquezas e as tentações que enfrentaríamos – e fizeram as Escrituras para nos ajudar a enfrentar esses desafios. Seus textos têm o poder de nos ajudar a fazer boas escolhas, desenvolver um bom caráter e realizar o plano de Deus para nós.

> *Sei, ó meu Deus, que provas os corações e que amas a retidão.*
>
> – I Crônicas 29:17

> *É sempre a hora certa de fazer o que é certo.*
>
> – Martin Luther King Jr.

Nono mandamento

Ajude os necessitados

Dar é realmente melhor do que receber

Provérbio do Antigo Testamento

Há quem seja pródigo e aumente a sua riqueza, e há quem guarde sem medida e se empobreça.
A alma que abençoa prosperará,
E o que rega também será regado.

– Provérbios 11:24-25

Novo Testamento

Dai, e vos será dado; será derramada no vosso regaço uma boa medida, calcada, sacudida, transbordante, pois com a medida com que medirdes sereis medidos também.

– Lucas 6:38

Nono mandamento

Ajude os necessitados. Dar é realmente melhor do que receber

Em tudo vos mostrei que é afadigando-nos assim que devemos ajudar os fracos, tendo presentes as palavras do Senhor Jesus, que disse: "Há mais felicidade em dar que em receber."

– Atos 20:24-25

Estamos convictos de possuir uma consciência boa, com a vontade de nos comportar bem em toda ocasião.

– Hebreus 13:18

O maior paradoxo da vida

A vida é cheia de paradoxos ou de contradições aparentes que de algum modo soam verdadeiros. Eis quatro que costumamos ouvir:

"Menos é mais."
"Os opostos se atraem."
"Eles têm uma relação de amor e ódio."
"Nossa maior força pode ser nossa maior fraqueza."

Mas o maior paradoxo de todos é...

"Quanto mais damos, mais recebemos."

Como isso pode ser verdade? As mensagens bombardeadas pela mídia nos impelem numa direção contrária: conseguir, comprar, vencer, ganhar, adquirir, aumentar, acrescentar. São os mantras do capitalismo que absorvemos e repetimos sem mesmo nos darmos conta. Como escrevi nos dois primeiros capítulos, é fácil ser seduzido pela cultura em que vivemos, e é fácil apaixonar-se por dinheiro e bens. Somos acossados diariamente por mensagens que dizem: "Menos não é mais – mais é mais! Obtenha mais!"

Quando eu pedia aos meus alunos de nível médio e aos universitários que comentassem a afirmação "Dar é melhor do que receber", as respostas não me surpreendiam. Eu entregava a cada estudante uma folha de papel, e pedia que anotassem o primeiro pensamento que surgisse em suas cabeças. Estas eram as respostas mais comuns:

"Nem pensar."
"De jeito nenhum!"
"Soa como algo da Bíblia."
"Falso."
"Cascata."
"Errado."
"Escrito por um liberal, com certeza."
"É isso que nos dizem na igreja."
"Não, pelo contrário."
"Não no mundo real."
"Só gente preguiçosa acredita nessa besteira."

Havia uns poucos que concordavam com a mensagem, mas a maioria esmagadora era francamente contrária. Durante a discussão, alguns estudantes corajosos se manifestavam, defendendo a verdade dessas palavras. A maioria das pessoas – diziam – não entende a alegria de dar porque nunca tentou. Chamo esses estudantes de corajosos porque corriam o risco de serem chamados de ingênuos ou piegas pelos outros. Mas as discussões que se seguiam eram sempre valiosas.

Durante toda a minha carreira de professor, com freqüência eu escrevia no quadro as palavras de pessoas notórias e respeitadas para iniciar ou aprimorar uma discussão. Nesse caso, eu recorria a duas citações:

> *O valor de um homem reside no que ele dá, não no que é capaz de receber.*
>
> – Albert Einstein

> *Descobri que, entre seus outros benefícios, dar libera a alma do doador.*
>
> – Maya Angelou

No capítulo anterior, observei que não podemos nos tornar seres humanos completos se optamos por viver sem integridade. E um aspecto fundamental de uma pessoa completa é ser sensível às necessidades dos outros e disposta a ajudá-los no que for possível. Como observam Albert Einstein e Maya Angelou, doamos não por obrigação, mas por necessidade. Doar melhora as vidas dos outros, desenvolve comunidades mais fortes e revitaliza o espírito do doador.

Nossas discussões em sala de aula sobre a questão do "dar *versus* receber" nem sempre faziam a maioria mudar de lado, mas plantavam algumas sementes. Mesmo os mais empedernidos admitiam que dar pode trazer grandes benefícios, entre eles, a construção de uma sociedade melhor e mais justa.

Há milhares de anos figuras de destaque da Bíblia entenderam claramente esse paradoxo. Salomão escreveu que quem dá generosamente se torna mais rico (Provérbios 11:24). Jesus disse praticamente a mesma coisa: "Dai, e vos será dado" (Lucas 6:38). Pessoas que inicialmente relutam em doar acabam aumentando suas doações à medida que notam o quanto recebem com seus atos generosos.

Eu tinha um querido amigo e colega profundamente religioso. Um dia, conversando com ele, afirmei que eu não podia fazer doações porque ganhava pouco e precisava sustentar três filhos. Ele sorriu e disse: "Quanto mais você der, mais receberá." Respondi: "Mas eu não tenho nada para dar."

Ele contou que no passado também tivera dificuldade em acreditar que, quando damos, obtemos ainda mais de volta. Também era professor e ganhava pouco. Mas decidiu abrir mão de algumas coisas para ajudar uma comunidade necessitada, e surpreendeu-se com o resultado. Ele doou mais do que achava que podia, tentando submeter esse ensinamento bíblico a um teste. Pouco depois foi recompensado com uma herança inesperada. Disse que aquilo pareceu "estranho" no início, como se fosse um milagre, mas depois percebeu que era simplesmente a verdade bíblica em ação. E logo descobriu que, quanto mais dava, mais recebia, sobretudo a alegria de estar contribuindo para uma causa importante.

No correr dos anos, ouvi inúmeros relatos semelhantes sobre o milagre de dar e receber explicados por Salomão e Jesus. Isso aconteceu comigo também cada vez que doei. Não estou sugerindo que devemos encarar a doação como um investimento – esperando um bom retorno para o nosso dinheiro –, mas que doemos e confiemos que Deus será fiel à sua palavra. Doamos porque queremos doar, porque podemos ajudar alguém e porque assim todos saem ganhando.

Um ano antes de escrever este livro, fiz uma contribuição maior do que de costume para cobrir uma necessidade de nossa igreja. Foi um pouco além do que achava que podia, mas eu tinha confiança de estar agindo certo. Alguns dias depois o pastor veio me procurar pedindo que eu aumentasse a doação em 150%. Ele disse: "Achamos que se você foi capaz de arcar com aquela quantia, provavelmente deve poder doar mais." Hesitei por um instante, mas concluí que ele tinha razão. Eu dera mais palestras do que normalmente naquele mês, e o dinheiro que receberia era suficiente para cobrir uma doação maior, ainda sobrando um extra. "Há quem seja pródigo e aumente a sua riqueza" (Provérbios 11:24).

Um ano depois, detectei outra necessidade premente da nossa igreja. Ofereci-me para custeá-la, achando que o valor seria o mesmo do ano anterior. Mas o serviço acabou se mostrando bem maior e mais complicado, e fui informado de que custaria quatro vezes mais do que eu esperava. Meu primeiro pensamento foi: "Por que não fiquei de bico calado? Agora como vou me safar disso?" Ao conversar com minha esposa, Cathy, acabamos concluindo que tínhamos mais do que o suficiente para ajudar a igreja. Fizemos a doação. Na semana seguinte, o cheque semestral de direitos autorais chegou. O valor era quatro vezes maior do que nos três anos anteriores. "Dai, e vos será dado" (Lucas 6:38).

Conto estas histórias não para bancar o herói, mas para provar uma verdade da sabedoria bíblica: dar é realmente melhor do que receber. Colhemos o que semeamos.

> *Uma das compensações mais bonitas desta vida é que ninguém pode tentar ajudar sinceramente outra pessoa sem ajudar a si mesmo.*
>
> – Ralph Waldo Emerson

Dois tipos de necessidades, dois tipos de ajuda

Quando se fala de "necessitados", no que você pensa? Nas pessoas desesperadamente pobres? Nas que carecem das necessidades mais básicas? Não há dúvida de que este é *um* tipo sério de necessidade. A gravidade da pobreza no mundo é assustadora. Mas existem muitos outros tipos de necessidades. A Bíblia aborda todos eles.

Ajuda às pessoas pobres

Para quem dá ao pobre não há necessidade.

– PROVÉRBIOS 28:27

Sabemos que mais de 30% da população mundial vive na pobreza. E a ajuda aos pobres, necessitados e oprimidos é um tema importante das Sagradas Escrituras. Há 94 menções no Antigo Testamento e 20 no Novo. Essas muitas passagens podem ser melhor sintetizadas por essas duas:

> *Nunca deixará de haver pobres na terra; é por isso que eu te ordeno: abre a mão em favor do teu irmão, do teu humilde e do teu pobre em tua terra.*
>
> – DEUTERONÔMIO 15:11

> *Se alguém, possuindo os bens deste mundo, vê seu irmão na necessidade e lhe fecha as entranhas, como permaneceria nele o amor de Deus?*
>
> – JOÃO 3:17

As Sagradas Escrituras não dizem que devemos nos sentir culpados por termos uma vida confortável. Muitos dos líderes no Antigo e no Novo Testamento possuíam dinheiro e bens terrenos. Não é a *posse* do dinheiro que nos torna maus. O que nos torna maus é não *compartilhar* o que temos com os mais necessitados. Não faltam oportunidades para isso. Eis alguns exemplos:

- Doar dinheiro e/ou bens para uma organização de caridade.
- Comprar uma refeição para uma pessoa pobre.
- Doar dinheiro regularmente para um grupo que ajuda os pobres.
- Dar uma gorjeta generosa a um trabalhador pobre.
- Dedicar uma parcela do tempo a uma instituição de caridade.
- Comprar algo especial para uma família que passa necessidades.

Quando se doa aos pobres, todos saem ganhando.

A alma que abençoa prosperará.

– Provérbios 11:25

Dai e vos será dado.

– Lucas 6:38

Ajudai aos necessitados.
Carregai o peso uns dos outros.
Não desanimemos na prática do bem.
Enquanto temos tempo, pratiquemos o bem para com todos.

– Gálatas 6:2, 9, 10

Todos precisamos de ajuda. É impossível viver sem o auxílio dos outros. Estamos sempre em contato com pessoas que precisam de nós. Mesmo o grande salmista rei Davi admitiu que estava "necessitado". Ele tinha plena consciência de sua própria fraqueza e pediu a Deus que fosse o seu "amparo" e "rocha de refúgio" (Salmos 70:5 e 71:3). As necessidades são de vários tipos: físicas, emocionais, sociais e espirituais. Se ficarmos mais atentos e nos dedicarmos mais, poderemos atenuar o fardo que pesa sobre tantos.

As Sagradas Escrituras nos aconselham a ajudar não apenas os pobres, mas as pessoas com as seguintes dificuldades:

Doença

Estive nu e me vestistes, doente e me visitastes, preso e viestes ver-me.

– Mateus 25:36

Todos os seres humanos ficam doentes de vez em quando. Quando isso acontece, mais que nunca precisamos de atenção e cuidado. Eis uma boa oportunidade de praticar o bem. Podemos telefonar para ter notícias, enviar um cartão, fazer uma visita, colocar-nos à disposição para resolver problemas, e rezar pelo doente. Estes pequenos gestos exercem um impacto poderoso.

Invalidez

Vieram alguns homens carregando um paralítico em uma maca; tentavam levá-lo para dentro e colocá-lo diante dele. E como não encontravam jeito de introduzi-lo, por causa da multidão, subiram ao terraço e, através das telhas, desceram-no com a maca no meio dos assistentes diante de Jesus.

– Lucas 5:18-19

Raramente somos chamados para algo tão heróico, mas a Bíblia pede que ajudemos os aleijados, os cegos, os enfermos e os aflitos. As pessoas limitadas por um problema físico ou mental precisam de ajuda em muitas das tarefas diárias que realizamos naturalmente. Jamais devemos perder a oportunidade de ajudá-las.

Solidão

Estive nu e me vestistes.

– Mateus 25:36

Por uma série de razões diferentes, pessoas de todas as idades se sentem isoladas do mundo. Tanto uma pessoa idosa num asilo quanto um doente esquecido pela família em um hospital ou uma criança pequena perdida em uma escola imensa podem se sentir desamparados. Somos capazes de aliviar parte de sua dor visitando-os, ouvindo-os, demonstrando nosso interesse, acolhendo-os. Eles se consideram insignificantes e têm uma enorme necessidade de sentir que a vida deles possui alguma importância. Podemos lhes trazer muita alegria com pequenos gestos e palavras.

Dor emocional

Bendito seja o Deus e Pai de nosso Senhor Jesus Cristo [...]. Ele nos consola em todas as nossas tribulações, para que possamos consolar os que estão em qualquer tribulação.

– II Coríntios 1:4

Faz parte da vida nos sentirmos de vez em quando atacados, agredidos e mesmo feridos pelos outros. São feridas emocionais, tão dolorosas e destrutivas quanto as físicas. Da mesma forma que os ferimentos físicos, as feridas emocionais necessitam de tratamento. Dizem as Sagradas Escrituras que devemos "consolar os que estiverem em alguma tribulação". Você sabe como são reconfortantes as palavras e gestos de quem acolhe nosso sofrimento. Podemos fazer o mesmo pelos outros.

Desânimo

Consolai-vos pois, e edificai-vos mutuamente.

– I Tessalonicenses 5:11

Como a vida é dura e nem sempre justa, experimentamos alguns desapontamentos ao longo do caminho. É natural desanimar ou perder a coragem. Talvez por isso a palavra "encorajar" e suas variantes apareçam mais de 60 vezes nas Sagradas Escrituras. Quando desanimamos, precisamos de palavras de estímulo. Quando encorajamos os outros, transmitimos coragem. Não há dádiva melhor. Palavras de estímulo têm o poder de mudar uma vida.

Não existe no mundo uma única pessoa totalmente autosuficiente. Todos nós nos beneficiamos da ajuda e do encorajamento de outras pessoas: pais, cônjuges, amigos, professores, orientadores, pastores, colegas, às vezes até estranhos. Poucas coisas são tão poderosas e eficazes para extrair o melhor dos outros – e de nós mesmos – quanto o encorajamento.

Você precisa estar atento ao que os outros estão fazendo, aplaudir seus esforços, reconhecer seus sucessos e encorajar suas tentativas. Quando todos se ajudam, todo mundo sai ganhando.

– Jim Stovall

Opressão

Se afastares do meio de ti o jugo, o gesto ameaçador e a linguagem iníqua; se tu te privares para o faminto e se tu saciares o oprimido, tua luz brilhará nas trevas, a escuridão será para ti como a claridade do meio-dia.

– Isaías 58:9-10

O dicionário define opressão como "sujeição imposta pela força ou autoridade; tirania, jugo; constrangimento ou pressão moral; coação; humilhação, embaraço, vexame". Infelizmente, a opressão existe desde a origem da humanidade. Nossa história está repleta de episódios de opressão contra índios, negros, imigrantes, minorias, mulheres, membros de determinadas religiões, dissidentes políticos, homossexuais e pobres, entre outros.

Acho que todos concordam que milhares, talvez milhões de pessoas se sentem oprimidas e mesmo tiranizadas. A Bíblia recomenda que ajudemos essas pessoas, fazendo o que estiver ao nosso alcance. Nem todos podem ser Mahatma Gandhi, Martin Luther King ou Madre Teresa, mas *somos todos capazes* de aliviar a carga dos oprimidos à nossa volta.

"Dons diferenciados" – Você não pode fazer tudo

Não desejo de forma alguma estimular o sentimento de culpa de qualquer pessoa para torná-la mais generosa. Minha intenção é encorajar as pessoas a darem mais de si, não por culpa, mas para seu próprio crescimento. A ajuda que damos aos outros retorna para nós multiplicada. As Sagradas Escrituras nos lembram que todos nós recebemos dons e talentos que devem ser usados para atender as necessidades dos que nos cercam e, assim, ajudarmos a construir um mundo mais justo e feliz.

No Novo Testamento, São Paulo diz que temos "diferentes dons segundo a graça que nos foi dada" (Romanos 12:6). Em outras palavras, não podemos fazer tudo, porque não estamos equipados para isso. Mas podemos usar *nosso* dom específico para servir os outros.

> *Tendo, porém, dons diferentes segundo a graça que nos foi dada, aquele que tem o dom da profecia que o exerça segundo a proporção da nossa fé; aquele que tem o dom do serviço o exerça servindo; quem o do ensino, ensinando; quem o da exortação, exortando. Aquele que distribui seus bens que o faça com simplicidade; aquele que preside, com diligência; aquele que exerce misericórdia, com alegria.*
>
> – Romanos 12:6-8

Doe com discrição e alegria

> *Guardai-vos de praticar a vossa justiça diante dos homens para serdes vistos por eles. Do contrário não recebereis recompensa junto ao vosso Pai que está nos céus. Por isso, quando derdes esmola, não vos ponhais a trombetear em público como fazem os hipócritas nas sinagogas e nas ruas, com o propósito de serem glorificados pelos homens.*
>
> – Mateus 6:1-2

> *Cada um dê como dispôs em seu coração, sem pena nem constrangimento, pois Deus ama a quem dá com alegria.*
>
> – II Coríntios 9:7

Há muitos anos, um colega da congregação fez uma doação generosa à nossa igreja. Passado algum tempo, ele comentou com várias pessoas que estava insatisfeito por dois motivos. Primeiro, sua doação lhe exigira um grande sacrifício, pois ele tinha deixado de trocar seu carro por um modelo mais luxuoso. Segundo, a doação não fora abertamente reconhecida. O pastor não agradecera em público sua generosidade. Quando um dos pastores procurou conversar com ele e mencionou os ensinamentos da Bíblia sobre a caridade, o homem ficou enfurecido e abandonou a igreja dizendo que procuraria outra que reconhecesse sua generosidade.

Alguns anos depois, um professor amigo meu que pertencia à mesma igreja me contou que herdara uma casa valendo 400 mil dólares. Seu salário anual na época era um décimo daquilo. Fiquei contente por ele. Algumas semanas depois soube que meu amigo havia doado a propriedade à igreja para fazer dela um centro de atendimento a idosos carentes. Fez isso com a condição de que a doação permanecesse anônima. Quando conversei mais tarde com ele, disse-me: "Eu já tenho uma casa, e a igreja precisava dessa para atender os idosos. Sinto-me abençoado por poder fazer isso. Nunca agi com tanta alegria na minha vida."

Duas grandes doações: uma, com o espírito errado, resultou em ressentimento; outra, com o espírito certo, resultou em alegria.

Serviço, propósito e alegria

Recebemos da vida o que doamos, e no processo entendemos melhor o que significa descobrir nosso propósito.

– Richard J. Leider

Essa é a verdadeira alegria da vida: ser usado para cumprir um propósito que você valoriza.

– George Bernard Shaw

Comecei este capítulo falando de um dos grandes paradoxos da vida: quanto mais damos, mais recebemos. Gostaria de encerrá-lo reforçando esse ponto. Salomão, Jesus e muitos outros nas Sagradas Escrituras não só nos aconselharam a doar, a servir e a ajudar os outros, como também afirmaram que nosso gesto retornará para nós. Na verdade, o retorno ultrapassará a doação. Não estou falando de dinheiro nem de quantidade como se fosse um investimento financeiro. Estou dizendo que nossa vida se enriquece quando somos generosos. Nós nos tornamos menos egoístas e menos materialistas. Passamos a ser mais humildes e generosos. Encontramos um significado maior na vida, nos realizamos mais como seres humanos e conhecemos a verdadeira alegria como nunca antes.

É dando que se recebe.

– São Francisco de Assis

Décimo mandamento

Faça tudo com amor

É a única maneira de encontrar

a paz verdadeira e a realização

Provérbio do Antigo Testamento

O amor e a fidelidade não te abandonem, ata-os ao pescoço, inscreve-os na tábua do coração.

– Provérbios 3:3

Novo Testamento

Vigiai, permanecei firmes na fé, sede corajosos, sede fortes. Fazei tudo na caridade.

– Coríntios 16:14

Porque esta é a mensagem que ouvistes desde o início: que nos amemos uns aos outros.

– I João 3:11

Décimo mandamento

Faça tudo com amor. É a única maneira de encontrar a paz verdadeira e a realização

> *Não amemos com palavras, nem com a língua, mas com ações e em verdade.*
>
> – I João 3:18

Amor: a palavra mais difícil de definir e a virtude mais difícil de praticar

O amor tem sido tema de inúmeros filmes, livros, poemas, ensaios, histórias, canções, citações e lendas, mas isso não nos aproxima de uma definição, pois cada um parece ter a sua. Mas, como é importante definir o amor, o dicionário ainda é um ponto de partida valioso. Vamos às definições: (1) "forma de interação psicológica ou psicobiológica entre pessoas"; (2) "atração baseada no desejo sexual; afeição e ternura sentida por amantes"; (3) "afeição baseada em admiração, benevolência ou interesses comuns". A definição que me parece mais adequada é:

> *Sentimento de caridade, de compaixão de uma criatura por outra, inspirada pelo sentido de sua relação comum com Deus.*

Embora haja vários tipos de amor – amor romântico, amor familiar, amor de amigo, amor à pátria –, vou me concentrar nos tipos de amor discutidos na Bíblia. As mais de 600 referências ao amor contidas nas Sagradas Escrituras podem ser divididas em duas categorias simples. A primeira é o amor entre Deus e o ser humano, a segunda é o amor que temos uns pelos outros. Paradoxalmente (de novo), é impossível separá-los.

Se me amais, observareis os meus mandamentos.

– João 14:15

Este é meu mandamento: Amai-vos uns aos outros como eu vos amei.

– João 15:12

Milhões de pessoas pelo mundo afora dizem que amam a Deus. Não duvido da sinceridade da afirmação. Mas dizer que amamos a Deus é muito fácil. Cumprir seus mandamentos é a parte difícil, principalmente aquele que nos diz para amarmos uns ao outros. Para aumentar o desafio, recebemos outro mandamento relacionado a ele:

Fazei tudo na caridade.

– I Coríntios 16:14

No quarto capítulo, escrevi que a Bíblia pede que não julguemos os outros. Escrevi também que este é o segundo desafio mais difícil contido nas Sagradas Escrituras. Qual é o primeiro? Embora alguns possam discordar, acho que fazer tudo com amor é o mais difícil. A Bíblia não nos diz para fazermos *algumas* coisas com amor ou *a maioria* das coisas com amor, mas *tudo* com amor. Parece impossível? Sim. Mas é mesmo? Não.

Amor: não é só desprendimento. É esforço.

Pratique dar amor em vez de receber amor.

– Ryuho Okawa

O amor é esforço.

– Miguel Algarin

Existem duas percepções bastante comuns, mas incorretas, sobre a natureza do amor. A primeira é que o amor é algo que não apenas merecemos, mas que temos o direito de esperar dos outros. A crença baseia-se num defeito humano universal: o egoísmo. Achamos que o amor é algo que recebemos, não algo que damos. A segunda noção equivocada é que o amor é uma sensação gostosa que ocorre naturalmente e não exige qualquer esforço. Duplo erro: amar é dar, não receber, e exige grande esforço.

Para explicar melhor o amor genuíno recorrerei a dois escritores que exerceram influência profunda no meu pensamento. O primeiro é Erich Fromm (1900-1980), psicanalista judeu da Alemanha; o segundo é John Powell, sacerdote católico e teólogo de Chicago. O que Fromm escreveu em *A arte de amar*, em 1956, e Powell ecoou em *Amor incondicional: Amor sem limites*, em 1978, explicam o amor com mais eloqüência e concisão do que eu seria capaz.

> *Em termos mais gerais, o caráter ativo do amor pode ser descrito afirmando que o amor é basicamente dar, não receber. [...]*
>
> *O equívoco mais comum é supor que dar é "abrir mão" de algo, ser privado, sacrificar. [...]*
>
> *Para o caráter produtivo, dar possui um sentido totalmente diferente. Dar traz mais alegria do que receber, não por ser uma privação, mas porque no ato de dar está a expressão da minha existência. [...]*
>
> *No ato de dar algo nasce, e ambas as pessoas envolvidas são gratas pela vida que nasce para elas. Especificamente no tocante ao amor, isto significa: o amor é um poder que produz amor.*
>
> – Erich Fromm

> *O verdadeiro amor é incondicional. Não há terceira possibilidade: o amor é condicional ou incondicional. Ou eu imponho condições ao meu amor por você, ou não. Na medida em que imponho condições, não amo realmente você.*

Estou apenas oferecendo uma troca, não uma dádiva. Um amor verdadeiro é, e sempre tem que ser, uma dádiva. Uma vida significativa só pode resultar da experiência do amor, o que implica um compromisso e uma dedicação. [...]

Doar-me através do amor deixa uma satisfação profunda e duradoura de ter feito algo bom com minha vida.

– John Powell

O que as Sagradas Escrituras dizem sobre o amor

Deus é amor; aquele que permanece no amor permanece em Deus, e Deus permanece nele.

– I João 4:16

Embora eu não seja especialista em Bíblia, acredito que quem a estudou profundamente concordará que o amor é apresentado de formas diferentes no Antigo e no Novo Testamento. O Antigo Testamento enfoca o amor de Deus por nós e as maneiras como devemos retribuir esse amor. Nos Salmos, o rei Davi refere-se mais de 100 vezes ao amor de Deus. Escreve com freqüência sobre o "amor infalível" de Deus e sobre seu amor que "dura para sempre". Nos Provérbios, o rei Salomão diz que o amor a Deus é o início da sabedoria.

O amor e a fidelidade não te abandonem, ata-os ao pescoço, inscreve-os na tábua do coração.

– Provérbios 3:3

As palavras do Antigo Testamento que provavelmente sintetizam melhor o mandamento do amor a Deus encontram-se nessas palavras de Moisés:

Portanto amarás a Javé teu Deus com todo o teu coração, com toda a tua alma e com toda a tua força.

– Deuteronômio 6:5

O que é que Javé teu Deus te pede? Apenas que temas a Javé teu Deus andando em seus caminhos e o ames servindo a Javé teu Deus com todo o teu coração e com toda a tua alma, e que observes os mandamentos de Javé e os estatutos que eu te ordeno hoje, para o teu bem.

– DEUTERONÔMIO 10:12-13

O Antigo Testamento enfatiza mais o amor a Deus e a obediência aos seus mandamentos do que o amor entre os seres humanos. No entanto, existem oito referências a este último. A mensagem central é expressa nesta passagem, também escrita por Moisés:

Não te vingarás e não guardarás rancor contra os filhos do teu povo. Amarás o teu próximo como a ti mesmo. Eu sou Javé.

– LEVÍTICO 19:18

O Novo Testamento contém várias passagens sobre o amor a Deus e o cumprimento de seus mandamentos. A maior diferença entre as duas partes da Bíblia é que o Novo Testamento aborda muito mais como devemos tratar as pessoas: as de outras religiões, os não-crentes, os amigos, os cônjuges, os filhos, os pobres, os necessitados, os pecadores e até nossos inimigos.

Um dos temas centrais do Novo Testamento está condensado na primeira epístola de Paulo aos tessalonicenses:

A vós porém o Senhor faça crescer e ser ricos em amor mútuo e para com todos os homens.

– I TESSALONICENSES 3:12

Quando fala em amar *uns aos outros*, ele se refere aos companheiros de religião. Isso costuma ser mais fácil, porque pessoas que compartilham a mesma fé têm muito em comum e geralmente gostam da companhia uns dos outros. Mas observe que ele também diz que nosso amor deve se estender a *todos*. Isso inclui todas as pessoas com quem temos contato. Amar todas elas não é tão fácil assim. Mas eis um desafio ainda maior:

> *Amai aos vossos inimigos.*
>
> – Mateus 5:44

A palavra "inimigo" evoca pensamentos desagradáveis. A primeira definição de inimigo no dicionário é "indivíduo que tem ódio a outro ou que lhe é antagônico, hostil". Pode ser uma pessoa que detestamos ou uma pessoa que não gosta de nós e torna a nossa vida desagradável. Todos temos esses tipos de pessoas em nossas vidas: no trabalho, na escola, às vezes na própria família. Elas nos irritam, assim como também somos capazes de irritá-las. Como devemos agir em relação a elas? Devemos amá-las. É fácil amar um amigo; amar os inimigos é um grande desafio.

> *Com efeito, se amais aos que vos amam, que recompensa tendes? Não fazem os publicanos também o mesmo? E, se saudais somente os vossos irmãos, que fazeis de mais? Não fazem os gentios também o mesmo?*
>
> – Mateus 5:46-47

Portanto, aqui estão as duas partes do maior desafio de todos os tempos:

1. Ame a todos, inclusive seus inimigos.
2. Faça tudo com amor.

A primeira vez que li as passagens da Bíblia que mandam amar a todos e fazer tudo com amor, pensei que versículos como aqueles tivessem sido escritos para pessoas como os profetas, os apóstolos, os santos e os mártires – pessoas *realmente* santas.

Mas, ao estudar e refletir melhor, concluí que essas passagens foram de fato escritas para todos nós. Amor não é sentimento, amor é comportamento. Manifestamos nosso amor por meio de nossos atos, e nesse sentido somos todos capazes de exercê-lo diariamente, com pequenos atos de bondade, gentileza, solidariedade e perdão. A leitura regular da Bíblia nos inspira e ajuda a aplicar seus ensinamentos à nossa vida. Podemos não estar destinados a fazer as grandes coisas heróicas que as pessoas santas fizeram, mas estamos *destinados* a amar os outros – todo mundo e o tempo todo. Não é fácil, mas é um processo em que devemos nos engajar.

> *Tudo é possível ao que crê.*
>
> – Marcos 9:23

Existem mais de 200 referências ao amor ao próximo no Novo Testamento. Gostaria de citar algumas que parecem captar melhor a essência de toda a mensagem da Bíblia: amar a Deus e amar ao próximo. Elas também expressam a mensagem essencial deste livro: podemos tornar o mundo bem melhor se aplicarmos esses dois mandamentos em nossa vida diária.

> *Tudo aquilo que quereis que os homens vos façam, fazei-o vós também a eles.*
>
> – Mateus 7:12

> *Dou-vos um mandamento novo: que vos ameis uns aos outros. Como eu vos amei, amai-vos também uns aos outros.*
>
> – João 13:34

> *Se for possível, quanto depender de vós, tende paz com todos os homens.*
>
> – Romanos 12:18

Andai de modo digno da vocação a que fostes chamados: com toda a humildade e mansidão, com longanimidade, suportando-vos uns aos outros com amor.

– Efésios 4:1-2

Sede bondosos e compassivos uns para com os outros.

– Efésios 4:32

Revesti-vos de sentimentos de compaixão, de bondade, humildade, mansidão, longanimidade, suportando-vos uns aos outros e perdoando-vos mutuamente [...]. Mas, sobre tudo isto, revesti-vos da caridade, que é o vínculo da perfeição.

– Colossenses 3:12-14

O amor fraterno permaneça. Não vos esqueçais da hospitalidade.

– Hebreus 13:1

Acima de tudo, cultivai com todo o ardor o amor mútuo, porque o amor cobre uma multidão de pecados.

– I Pedro 4:8

Revesti-vos todos de humildade uns para com os outros.

– I Pedro 5:5

Se amamos uns aos outros, Deus permanece em nós, e o seu amor é em nós aperfeiçoado.

– I João 4:12

O amor jamais acaba.

– I Coríntios 13:8

Um dia perfeito

Antes de este livro ser publicado, tive uma conversa excelente com uma grande amiga. Falamos dos desafios que a vida continuamente nos apresenta, e ela perguntou sobre o tema do livro. Respondi: "Desta vez estou escrevendo sobre um assunto ainda *mais* desafiador." E acrescentei que, entre todos os temas do livro, o último – fazer tudo com amor – é para mim o maior de todos.

Sua pergunta seguinte me desconcertou: "Você acha que faz tudo com amor?"

"Infelizmente, não", tive de admitir, "mas vejo que estou progredindo e fazendo muito mais coisas com amor. Acho difícil que alguém faça *tudo*, pois somos seres humanos, mas penso que com um esforço contínuo conseguimos chegar perto."

Depois que ela se foi, refleti sobre as várias vezes durante a carreira de professor em que lancei desafios para meus alunos. "Tentem", eu lhes propunha, "passar um dia":

Sem reclamar.
Sem criticar alguém.
Sem dizer nada de negativo.

Eu também propunha que tentassem passar um dia:

Dando o melhor de si em tudo o que fizessem.
Mantendo uma atitude positiva.
Agradecendo por qualquer dom, mesmo os aparentemente comuns.

Depois da conversa com a amiga ocorreu-me que agora eu tinha um desafio novo à minha frente: passar um dia fazendo tudo com amor. Um desafio feito, não mais a meus alunos, mas a mim mesmo.

Escolhi um dia cheio de atividades: eu ia dar uma conferência, dirigir e viajar de avião. Decidi, ao acordar de manhã, que, em qualquer circunstância, eu faria tudo com amor. Sabia que teria que repetir a frase mentalmente várias vezes durante o dia para não sucumbir a algum de meus maus hábitos. Fechei a conta no hotel, abasteci o carro, dirigi até uma escola, falei para 400 professores de manhã e para um grupo pequeno à tarde. Depois, dirigi até o aeroporto de Chicago, devolvi o carro, fiz o check-in, passei pela fila de segurança, embarquei no avião, voei até São Francisco, apanhei meu carro no estacionamento e dirigi até minha casa. Foi um dia muito longo, durante o qual entrei em contato com centenas de pessoas, nem todas agradáveis ou educadas. Um superdesafio.

Mas, por mais agitado e exaustivo que tenha sido o dia, houve algo de especial. Repeti o mantra "faça tudo com amor" várias vezes por hora. E funcionou! Sempre procuro ser gentil e educado com as pessoas, mas naquele dia investi especialmente nessa atitude. E senti ao longo do dia mais paciência, mais compreensão, mais empatia, mais paz interior e alegria do que normalmente teria experimentado.

Quando fui dormir naquela noite, não pude deixar de pensar que tinha sido um dia praticamente perfeito. A maioria das pessoas considera perfeito o dia em que tudo dá certo: o trânsito flui, todos são pontuais e gentis, o trabalho fica bem-feito, sobra tempo para relaxar com amigos, e assim por diante. Em outras palavras, o dia perfeito – ou imperfeito – depende de circunstâncias externas sobre as quais não temos qualquer controle. Enfrentar esse desafio colocado pelas Sagradas Escrituras lembrou-me algo que eu já sabia: o que importa não é o que acontece conosco, mas como lidamos com isso. E a Bíblia ensina que a melhor forma de lidar com qualquer coisa é com amor.

Fiquei surpreso ao constatar que aquela foi a primeira vez em que tentei, conscientemente, fazer tudo com amor. Tenho certeza de que não estou sozinho. Quantas vezes lemos uma passagem das Sagradas Escrituras, ouvimos uma palestra sobre os ensinamentos bíblicos, concordamos mentalmente, e pouco ou nada muda? Vivi uma excelente experiência durante um bom tempo participando de um grupo que se reunia semanalmente para estudar a Bíblia e formular sempre a pergunta: "Como isso se aplica à minha vida?" Na semana seguinte, cada um contava de que forma tinha aplicado o que aprendera e compartilhava as dificuldades encontradas. O progresso foi significativo.

Se um dia pode ser tão bom como aquele em que pus em prática um mandamento bíblico, por que todos os nossos dias não podem ser igualmente bons ou até melhores? Costuma-se dizer que uma vida boa é uma sucessão de ótimos dias. A Bíblia ensina que a melhor maneira de obter essa sucessão de ótimos dias é fazer tudo com amor.

> *O amor não faz o mundo girar, o amor é o que faz a viagem valer a pena.*
>
> – Elizabeth Barrett Browning

> *Amar é receber um lampejo do céu.*
>
> – Karen Sunde

> *O que o homem semear, isso colherá.*
>
> – Gálatas 6:7

Conclusão

Ame a Deus, seja bom, faça o bem, ame os outros

Uma amiga recentemente perguntou: "Sobre qual assunto você está escrevendo?"

"Sobre as Sagradas Escrituras."

"É um livro para os cristãos?"

Detectando um indício de ironia, expliquei: "Estou tentando algo quase impossível: escrever um livro sobre a Bíblia para pessoas de todas as crenças, inclusive os não-crentes." Meu comentário despertou seu interesse, e ela lançou um pequeno desafio: "Como você descreveria a mensagem central da Bíblia em 10 palavras ou menos?"

O que me ocorreu: "Ame a Deus, seja bom, faça o bem, ame os outros."

Ela reagiu imediatamente: "Gosto das três últimas propostas, mas amar a Deus é estranho para mim. Sequer acredito em Deus." Perguntei se ela acreditava na existência de alguma forma de poder superior ou de força espiritual que nos une.

"Acredito sim, mas não sei que nome dar." Sugeri que, para fins da nossa conversa, ela admitisse chamar de Deus. Ela concordou, e passamos a falar sobre a vida e seu sentido, sobre questões espirituais e sobre nossa amizade. Observei que crentes e não-crentes concordam com certos princípios universais de conduta. Mais uma vez ela concordou. Disse-lhe então que as Sagradas Escrituras contêm todos esses princípios. Ela se mostrou disposta a ler meu livro.

Nossa conversa levou-me a examinar de perto os valores e princípios que todos temos em comum, seja qual for nossa religião ou crença. Eis uma síntese das minhas conclusões:

Moisés, o primeiro dos grandes profetas, século XIV a.C.:

> *Amarás o teu próximo como a ti mesmo.*
>
> – Levítico 19:18

Rei Davi, soberano de Israel, 1010-970 a.C.:

> *Aparta-te do mal, e faze o bem: busca a paz, e segue-a.*
>
> – Salmos 34:14

Um filósofo grego que viveu de 496 a 406 a.C.:

> *Fazer o bem é a tarefa mais gloriosa do homem.*
>
> – Sófocles

São Paulo no século I:

> *Não desanimemos na prática do bem, pois, se não desfalecermos, colheremos. Por conseguinte, enquanto temos tempo, pratiquemos o bem para com todos.*
>
> – Gálatas 6:9-10

Um líder protestante no século XVIII:

> *Façam todo o bem possível, por todos os meios possíveis, de todas as formas possíveis, em todos os lugares possíveis, em todos os momentos possíveis, a todas as pessoas possíveis, enquanto for possível.*
>
> – John Wesley

Um patriota e ateu norte-americano do período revolucionário:

> *Minha religião é fazer o bem.*
>
> – Thomas Paine

Um famoso líder hindu pró-direitos civis:

> *Acredito que encontro Deus mais facilmente enquanto estou servindo os outros.*
>
> – Mahatma Gandhi

Uma freira católica ganhadora do Prêmio Nobel:

> *Boas obras são elos que formam uma corrente de amor. Espalhe o amor aonde você for. Não deixe que ninguém se aproxime de você sem partir mais feliz.*
>
> – Madre Teresa

Um líder da igreja mórmon:

> *A virtude do amor modifica vidas: as nossas e as de todos com quem entramos em contato. É a virtude que traz embutido em seu âmago o poder de exercer o bem mais duradouro.*
>
> *O amor é a única força capaz de apagar as diferenças entre as pessoas ou transpor os abismos da amargura.*
>
> – Gordon B. Hinckley

Um monge budista vencedor do Prêmio Nobel:

> *Todas as grandes tradições religiosas trazem basicamente a mesma mensagem, que é amor, compaixão e perdão [...] o importante é que façam parte de nossas vidas diárias.*
>
> – Dalai-Lama

Um líder e escritor judeu contemporâneo altamente aclamado:

Acredito que Deus fez a alma humana de modo que certos tipos de conduta são mais saudáveis. O ciúme, o egoísmo e a desconfiança envenenam a alma; a honestidade, a generosidade e a alegria a restauram. Literalmente nos sentimos melhor quando saímos da rotina para sermos úteis a alguém.

Deus deveria ser a resposta à pergunta: "Por que devo ser uma pessoa boa e honesta quando vejo pessoas à minha volta assassinando impunemente?" Deus é a resposta, não porque intervém para recompensar o justo e punir o pecador, mas porque fez a alma humana de modo que somente uma vida de bondade e honestidade permite que nos sintamos espiritualmente saudáveis e humanos.

– Rabino Harold Kushner

Colhemos o que semeamos

Não desanimemos na prática do bem, pois, se não desfalecermos, colheremos. Por conseguinte, enquanto temos tempo, pratiquemos o bem para com todos.

– Gálatas 6:9-10

Bibliografia

ALLEN, James. *O homem é aquilo que ele pensa*. Pensamento, 1988.

CARNEGIE, Dale. *Como fazer amigos e influenciar pessoas*. Nacional, 2003.

CARTER, Les. *The Anger Trap*. John Wiley & Sons, 2003.

COVEY, Stephen R. e MERRILL, Rebecca R. *Primeiro o mais importante*. Campus, 2003.

DURANT, Will. *As idéias e mentes mais brilhantes de todos os tempos*. Arx, 2004.

FRANKL, Viktor. *Em busca de sentido: Um psicólogo no campo de concentração*. Sinodal, Vozes, 2000.

FRANKL, Viktor. *Um sentido para a vida*. Idéias & Letras, 2005.

FROMM, Erich. *A arte de amar*. Martins Fontes, 2000.

GOLEMAN, Daniel. *Inteligência emocional*. Objetiva, 2001.

GOODWIN, Doris Kearns. *Team of Rivals: The Political Genius of Abraham Lincoln*. Simon & Schuster, 2005.

GREENLEAF, Robert e VAIL, Peter B. *The Power of Servant Leadership*. Barrett-Koehler Publishers, 1998.

IRONSIDE, H. A. *Illustrations of Bible Truth*. Moody Press, 1945.

KUSHNER, Harold. *Quando coisas ruins acontecem a pessoas boas*. Nobel, 1988.

LUSKIN, Fred. *O poder do perdão*. Novo Paradigma, 2002.

PEALE, Norman Vincent. *O poder do pensamento positivo*. Cultrix, 2006.

PECK, M. Scott. *A trilha menos percorrida*. Nova Era, 2004.

POWELL, John. *Amor incondicional: Amor sem limites*. Crescer, 2003.

RYAN, M. J. *O poder da paciência*. Sextante, 2006.

SMITH, Huston. *As religiões do mundo: Nossas grandes tradições de sabedoria*. Cultrix, 2001.

TELUSHKIN, Joseph. *Words that Hurt, Words that Heal*. William Morrow, 1996.

TYSON, Eric. *Personal Finance for Dummies*. IDG Books Worldwide, 2000.

A JORNADA ESPIRITUAL DO AUTOR

Um amigo do peito recentemente sugeriu que eu escrevesse uma autobiografia espiritual, pois ele estava comovido com meu relacionamento crescente com Deus. Foi crescente, mas também doloroso. Não sei se vou escrever uma autobiografia. Mas se escrevesse, o título seria *O caminho acidentado para a paz interior*. Aqui está minha história da forma mais sucinta possível.

Quando nasci, fui batizado na Igreja Católica. Freqüentava a missa regularmente com meus pais quando criança e durante oito anos estudei numa escola primária católica. Na primeira hora de cada dia aprendíamos história, orações e ensinamentos católicos antes de passarmos às outras matérias. Freqüentei uma escola pública no nível médio e continuei praticando minha religião conscienciosamente.

Ingressei então na Universidade de São Francisco, uma instituição jesuíta. Os jesuítas enfatizam o ensino de teologia, filosofia, lógica e ética. Recebi uma educação excepcional, e os jesuítas sempre ocuparão um lugar especial no meu coração. Eles me ensinaram a pensar, bem como a importância de ser uma pessoa ética.

Na universidade, eu assistia à missa e comungava diariamente. Era considerado um "católico devoto" e me sentia bem com esse rótulo. Continuei um bom católico durante oito anos após minha graduação. Aí as coisas mudaram. Depois de seis anos e meio de casamento, quando já tínhamos três filhos, minha esposa informou que ia embora. Divorciou-se de mim e mudou-se para uma cidade a 650 quilômetros de distância, levando os nossos três filhos. Foi devastador.

A dor veio acompanhada de algumas dúvidas sobre Deus, minha religião e as regras da Igreja Católica. Acima de tudo, senti-me traído. Como Deus permitira que algo tão terrível acontecesse com alguém que o venerava com tanta devoção? Além disso, senti que a doutrina da Igreja me impedia de voltar a casar, obrigando-me a sofrer por causa da decisão de outra pessoa. Em minha raiva e frustração, rejeitei Deus e a Igreja.

Nos 10 anos seguintes fui agnóstico. Mas abracei uma religião nova: a psicologia. Tudo começou quando passei a me consultar com um psiquiatra para lidar com a dor do meu divórcio. Relutei em procurar um terapeuta, mas o tratamento me ajudou muito a enfrentar o sofrimento, a parar de me culpar e a passar para uma vida nova. Eu estava determinado a aprender o máximo possível sobre psicologia.

Durante aqueles 10 anos, mergulhei fundo em centenas de livros de psicologia, sobretudo aqueles escritos por líderes do movimento da psicologia humanística da década de 1970. Psicólogos como Abraham Maslow, Fritz Perls, Carl Rogers, Thomas Harris e Virginia Satir tornaram-se meus gurus. Li exaustivamente seus livros e participei de retiros, seminários e workshops para desenvolver meu pleno potencial. Viciei-me no autoconhecimento. Era invadido por surtos de euforia e compreensão que me convenciam de que estava no caminho certo.

O problema era que aqueles surtos não duravam muito, e eu vivia correndo atrás da próxima dose. Após vários anos, o processo começou a se desgastar, deixando um vazio profundo após os surtos de euforia. Na verdade, eu vivia solitário e infeliz. Um amigo disse que eu precisava ter Deus de volta na minha vida. Como não tinha nada a perder, achei que, fora da prática do catolicismo, talvez eu me reconectasse com Deus. O amigo recomendou uma igreja protestante do meu bairro, de modo que fiz uma tentativa. Na primeira vez em que fui lá, senti que precisava de Deus novamente em minha vida.

Adorei aquela igreja por vários motivos: os fiéis, os pastores e suas interpretações mais profundas da Bíblia. Adorei também duas diretrizes que seguiam: os pastores nunca se referiam às outras religiões de forma negativa e não se envolviam com política. Engajei-me totalmente, servindo primeiro como diácono e depois como presbítero. Além disso, substituía com freqüência os professores principais nas turmas masculinas de estudos bíblicos, pois queria muito aprender mais sobre as Sagradas Escrituras. Senti que elas me ajudavam muito mais do que os livros e seminários da psicologia humanística. Mas isso não significa que as experiências anteriores não tenham trazido uma valiosa contribuição, e acredito que não há incompatibilidade entre religião e psicologia.

Após 18 anos, deixei aquela igreja por um motivo simples: o serviço religioso foi perdendo a religiosidade e passou a parecer mais um espetáculo de entretenimento do que um culto. Depois de nova tentativa frustrada com outra igreja não-confessional, comecei a sentir falta do clima da missa católica: o momento da oração silenciosa, o som das vozes unidas ao entoarmos o Pai-Nosso de mãos dadas, os sacramentos.

Mas eu estava afastado havia 32 anos, e muita coisa mudara. Conversei longamente com o padre da paróquia perto de casa, fiz muitas leituras, ouvi várias fitas de estudiosos e convivi com católicos que são modelos de vida excepcionais.

Minha decisão de retornar foi facilitada pela consciência de que não se tratava de optar entre ser católico ou protestante. Eu sabia que poderia me beneficiar dos ensinamentos das duas religiões. Serei eternamente grato pelos 22 anos em que freqüentei a igreja protestante. Eu não estaria escrevendo este livro sem ter passado por essa experiência. A maioria das igrejas protestantes consegue ajudar as pessoas a entenderem a Bíblia e estimula seu estudo. Elas também contribuem para que as pessoas desenvolvam uma relação pessoal com Deus. É um conceito simples, mas importante.

Para mim, as grandes virtudes da Igreja Católica são sua história, seus ensinamentos, tradições e rituais; a reverência da missa; os sacramentos; a dedicação aos pobres e às obras de caridade; suas escolas e universidades; as vidas e textos dos santos; o calendário litúrgico.

Existe um ponto importante a enfatizar. O fato de alguém ir ao culto durante uma hora semanalmente não faz dessa pessoa um cristão. Ir à igreja não faz de mim um cristão. O cristianismo é exercido sobretudo por minha relação pessoal com Deus e meu desejo e disposição de viver segundo seus ensinamentos.

Como freqüentei por muitos anos igrejas católicas e protestantes, sinto-me à vontade nas duas e aprecio o que ambas têm a oferecer. Atualmente assisto à missa nas noites de sábado e vou com minha esposa, Cathy, à sua igreja protestante nas manhãs de domingo. Obtenho coisas diferentes de cada serviço, quase todas boas.

Adoro o mesmo Deus nos dois lugares.

Agradecimentos

O ato de escrever faz com que às vezes eu me considere um masoquista, pois é para mim um exercício doloroso, solitário e angustiante. Por que me submeto a essa tortura? Mas quando chego à parte dos agradecimentos a resposta fica clara. Faço isso porque algumas pessoas muito especiais dizem que meu trabalho tem importância e sentido, que toca a vida das pessoas. Elas também me ajudam no decorrer do processo com seu encorajamento, idéias, sugestões, esforço, e sobretudo sua amizade. Nenhuma palavra consegue expressar a profundeza da minha gratidão por essas pessoas, mas devo ao menos tentar.

Don McClean: Nas primeiras duas páginas, escrevi sobre esse homem maravilhoso, que tem sido um colega, amigo e mentor por quase 40 anos. Ele me ajudou a redirecionar e reerguer minha vida, depois que cheguei ao fundo do poço, no final da década de 1970. Trouxe-me de volta à minha religião, ajudando-me a entendê-la mais plenamente e ensinando-me as maravilhas das Sagradas Escrituras. Este livro não teria sido possível sem o amor, a amizade e a sabedoria de Don.

Cathy Urban: Mais uma vez, minha esposa, Cathy, me auxiliou de várias maneiras. Do início ao fim, esteve presente me encorajando, dando opiniões, conselhos construtivos e fazendo críticas.

Chris Lloreda: Muitas vezes me pergunto se algum outro escritor conta com um editor adjunto que combine tão eficazmente inteligência, profissionalismo, calor humano, integridade, entusiasmo e humor. Nunca outro colega acrescentou tanta alegria à minha vida.

Trish Todd: Tive a sorte de estar em contato freqüente com Trish durante a redação deste livro. Como diretora editorial, esteve sempre presente dando respostas certas, qualquer ajuda de que eu necessitasse e apoio total ao livro.

Lisa Considine: Quando Trish me contou que Lisa trabalharia comigo no manuscrito do livro, disse: "Você vai gostar dela. É uma alma gentil e uma revisora extraordinária." E foi de fato uma maravilha absoluta trabalhar com Lisa. Uma boa revisora faz com que um escritor pareça melhor do que realmente é.

Meus leitores: Não dá para contar o número de pessoas que escreveram, telefonaram e enviaram e-mails reagindo aos meus três livros anteriores. Suas histórias, suas dores, suas alegrias, suas percepções, suas expressões de reconhecimento e suas sugestões me tocaram profundamente. Uma grande porcentagem dessas pessoas agradeceu por eu sempre ir direto ao assunto, por explicar as coisas de forma simples e por mostrar tanto bom senso. Tudo isso influenciou extraordinariamente meus textos, e o título deste livro é, em grande parte, um tributo a elas. Muito obrigado.

O AUTOR

Hal Urban é bacharel e mestre em história e doutor em educação e psicologia pela Universidade de São Francisco. Realizou também estudos de pós-graduação em psicologia do desempenho na Universidade de Stanford.

Durante 35 anos foi um professor premiado nos níveis médio e superior. Seu primeiro livro, *As grandes lições da vida*, foi escolhido Livro Inspirador do Ano pela *Writer's Digest*.

Desde 1992, Hal Urban dá palestras nos EUA e internacionalmente sobre traços de caráter positivos e sua relação com a qualidade de vida. Faz discursos programáticos em conferências nacionais, realiza workshops com educadores e dá palestras para estudantes de todas as idades. Também dá palestras para pais, grupos de igrejas, organizações de caridade e empresas.

Em 2005, recebeu o prêmio Sanford N. McDonnell Lifetime Achievement da Character Education Partnership.

Para obter informações sobre suas palestras e workshops, você pode contactá-lo por um destes meios:

Site: **www.halurban.com**
E-mail: **halurban@halurban.com**
Caixa Postal 5407, Redwood City, CA 94063
Telefone: (650) 366-0882

CONHEÇA OUTROS TÍTULOS DO AUTOR

As Grandes Lições da Vida

"Um livro enriquecedor, cheio de sabedoria para se viver."

– Stephen R. Covey, autor de
Os 7 hábitos das pessoas altamente eficazes

Professor premiado, que durante 35 anos se dedicou a ensinar jovens e adultos, Urban apresenta as 20 lições que considera essenciais para estabelecer boas relações com as pessoas, definir objetivos de vida e adotar os hábitos necessários para alcançá-los, saber apreciar suas próprias qualidades e se empenhar para realizar todo o seu potencial.

Sem propor fórmulas mágicas, ele trata de valores eternos como trabalho duro, honestidade, bondade e respeito, falando com sabedoria de temas como sucesso, tempo e dinheiro, bem como da importância de se ter uma atitude positiva, de ser capaz de rir e de apreciar a vida, de estar disposto a aprender sempre e de ser uma boa pessoa. Clássico na simplicidade do seu estilo e na força de seus conselhos, *As grandes lições da vida* vai ajudar você a encontrar o melhor no mundo, nos outros e em você mesmo.

Palavras Positivas, Mudanças Significativas

Nesta narrativa sensível e altamente inspiradora, Hal Urban, autor do clássico *As grandes lições da vida*, volta a nos emocionar com uma mensagem simples, mas profunda e especial: as palavras positivas são um dos instrumentos mais poderosos de que dispomos para nutrir, fortalecer e restaurar relacionamentos. Elas nos permitem mudar vidas – tanto a nossa quanto a das pessoas ao nosso redor.

Urban mostra de que maneira podemos exercitar um tipo saudável de linguagem capaz de tornar mais prazerosas e frutíferas nossas relações familiares, afetivas, profissionais e sociais. E revela os resultados maravilhosos que conseguimos obter quando nos expressamos com mais cuidado, gentileza, respeito e gratidão.

Ele também nos lembra de que as palavras são escolhas. Elas têm o poder de levantar ou abater o ânimo, de inspirar ou desencorajar, de ajudar ou magoar. Assim, cada vez que falamos, temos a opção de celebrar a vida e fazer com que as pessoas se sintam bem e realmente valorizadas.

CONHEÇA OUTROS TÍTULOS DA EDITORA SEXTANTE

Salomão, o Homem Mais Rico que Já Existiu

Steven K. Scott

Embora a Bíblia seja citada a todo instante, a sabedoria contida nela é pouco conhecida pela maioria das pessoas. Consciente da riqueza de conselhos que ela encerra, Steven K. Scott apresenta nesse livro valiosos princípios de vida retirados da história de Salomão.

Nascido por volta de 974 a.C., Salomão foi coroado rei de Israel com apenas 12 anos de idade. Segundo o Antigo Testamento, Deus apareceu para ele e ofereceu lhe dar o que quisesse, mas o jovem pediu apenas sabedoria para governar seu povo. Fascinado com tamanha humildade, Deus o transformou no homem mais rico, sábio e vitorioso de todos os tempos.

Salomão agia de acordo com determinadas regras de conduta que foram registradas no Livro dos Provérbios e que devem ser seguidas por aqueles que desejam construir uma vida feliz, íntegra e bem-sucedida.

Jesus, o Maior Psicólogo que Já Existiu

Mark W. Baker

Esse livro faz uma abordagem original da relação entre ciência e religião, ligando os principais ensinamentos de Jesus às descobertas recentes da psicologia.

Com base em sua experiência como terapeuta e no seu profundo conhecimento da Bíblia, Mark Baker demonstra por que a mensagem de Cristo é perfeitamente compatível com os princípios da psicologia: ela contém a chave da saúde emocional, do bem-estar e do crescimento pessoal.

Em uma linguagem simples e cativante, ele mostra que, seja qual for a nossa crença religiosa ou filosofia de vida, todos podemos nos beneficiar da sabedoria daquele que, como diz o autor, foi o maior psicólogo de todos os tempos.

Organizado em dezenas de lições concisas, esse livro é uma coleção de valiosos exemplos práticos sobre como essa sabedoria comprovada pelo tempo pode nos ajudar a resolver os problemas do cotidiano, a repensar atitudes e a praticar o perdão, a solidariedade e a lealdade, valorizando nossas vidas e nossos relacionamentos com mais amizade e amor.

CONHEÇA OS 50 CLÁSSICOS DA EDITORA SEXTANTE

Espiritualidade/Inspiração

Muitas vidas, muitos mestres, de Brian Weiss
Muitas vidas, uma só alma, de Brian Weiss
Jesus, o maior psicólogo que já existiu, de Mark W. Baker
Conversando com os espíritos, de James van Praagh
A última grande lição, de Mitch Albom
Uma ética para o novo milênio, de Sua Santidade, o Dalai-Lama
A arte da meditação, de Daniel Goleman
O Mestre dos Mestres (Coleção Análise da Inteligência de Cristo), de Augusto Cury
Espiritualidade, um caminho de transformação, de Leonardo Boff
Autobiografia de um iogue, de Paramahansa Yogananda
O Poder do Agora, de Eckhart Tolle

Negócios

O monge e o executivo, de James C. Hunter
Como se tornar um líder servidor, de James C. Hunter
Jesus, o maior líder que já existiu, de Laurie Beth Jones
Faça o que tem de ser feito, de Bob Nelson
Seu balde está cheio?, de Tom Rath e Donald O. Clifton
A hora da verdade, de Jan Carlzon
A Boa Sorte, de Álex Rovira Celma e Fernando Trías de Bes
Você é mais capaz do que pensa, John G. Miller
Seis fundamentos do sucesso profissional, de Stuart R. Levine

Ficção

O Código Da Vinci, de Dan Brown
Ponto de Impacto, de Dan Brown
Anjos e Demônios, de Dan Brown
Fortaleza Digital, de Dan Brown
As cinco pessoas que você encontra no céu, de Mitch Albom

Livros de bolso

Dez leis para ser feliz, de Augusto Cury
Seja líder de si mesmo, de Augusto Cury
Você é insubstituível, de Augusto Cury
Palavras de sabedoria, de Sua Santidade, o Dalai-Lama
A vida é bela, de Dominique Glocheux
Filtro solar, de Mary Schmich
Posso conseguir o que desejo, de Iyanla Vanzant
Quem acredita sempre alcança, de Peter McWilliams

Auto-ajuda

O método fácil de parar de fumar, de Allen Carr
Por que os homens fazem sexo e as mulheres fazem amor?, de Allan e Barbara Pease
Desvendando os segredos da linguagem corporal, de Allan e Barbara Pease
Por que os homens mentem e as mulheres choram, de Allan e Barbara Pease
O poder que vem do seu nome, de Aparecida Liberato e Beto Junqueyra
Nunca desista de seus sonhos, de Augusto Cury
Pais brilhantes, professores fascinantes, de Augusto Cury
100 segredos dos bons relacionamentos, de David Niven
Não leve a vida tão a sério, de Hugh Prather
Mantenha o seu cérebro vivo, de Laurence Katz e Manning Rubin
100 segredos das pessoas felizes, de David Niven
Enquanto o amor não vem, de Iyanla Vanzant
A Dieta do Abdômen, de David Zinczenko e Ted Spiker
A Dieta de South Beach, de Arthur Agatston
O poder da paciência, de M. J. Ryan

Referência

1.000 lugares para conhecer antes de morrer, de Patricia Schultz
O ócio criativo, de Domenico De Masi

Informações sobre os próximos lançamentos

Para receber informações sobre os lançamentos da EDITORA SEXTANTE, basta cadastrar-se diretamente no site www.sextante.com.br

Para saber mais sobre nossos títulos e autores, e enviar seus comentários sobre este livro, visite o nosso site www.sextante.com.br ou mande um e-mail para atendimento@esextante.com.br

EDITORA SEXTANTE
Rua Voluntários da Pátria, 45 / 1.404 – Botafogo
Rio de Janeiro – RJ – 22270-000 – Brasil
Telefone (21) 2286-9944 – Fax (21) 2286-9244
E-mail: atendimento@esextante.com.br